LA PARTE DE LA FORTUNA EN EL HORÓSCOPO

ASTROLOGÍA KÁRMICA III

Martin Schulman

LA PARTE DE LA FORTUNA EN EL HORÓSCOPO

ASTROLOGÍA KÁRMICA III

INDIGO

www.edicionesindigo.com

Título original: *Karmic Astrology. Volume III*
Traducción: Joseph M. Apfelbäume
Diseño portada: Nacho Antolín

Primera edición: diciembre 1989
Segunda edición: septiembre 2004

ISBN: 84-86668-20-4
Depósito legal: B-34.344-04

Edita: Ediciones Indigo
Zamora, 91-95, 6º, 1ª - 08018 Barcelona

Avd. Centenario, nº 607 - Col. Lomas de Tarango
Del. Alvaro Obregón - México D.F. 01620

Fotocomposición: Pomertext
Lepanto, 264, 3º, E - 08013 Barcelona

Impresión: Liberdúplex
Constitución 19, bloque 8, local 19
08014 Barcelona

Encuadernación: Encuadernaciones Roma
Feixa Llarga, 70 - 08907 L'Hospitalet (Barcelona)

A ti, que has conocido el sufrimiento, que tu carga sea ligera…

A ti, que has tocado fondo en el puente del dolor, que lo llene ahora la alegría…

A mis estudiantes que siempre me estimularon a descubrir lo poco que sé. Sus nombres son demasiados para mencionar, y su amor y devoción demasiado grandes para expresarlos con palabras…

A mi querida princesa Penny Sue, que siente mucho porque conoce el precioso valor del cariño.. y desde lo más profundo de su amor llega la música de la inspiración que es su regalo de alegría para el mundo…

1. LA PARTE DE LA FORTUNA

Uno de los aspectos más intrigantes de la astrología, así como uno de los más representativos, es el de la suerte. Aunque con anterioridad ya se han dado definiciones menores de este punto tan específico en el horóscopo, ningún trabajo ha sido todavía capaz de especificar con claridad el significado exacto de esta importantísima área de la carta natal.

Cuando el hombre experimenta altibajos, desgracias y tribulaciones, le mantiene un rayo de esperanza que apunta hacia la prosperidad final de su destino. Cuando la vida cotidiana se vuelve contra él, sabe que en adelante habrá días mejores. Durante esos días, cuando sienta una mayor felicidad en su interior, puede tener la impresión de que sus pensamientos, emociones y actividades le están acercando a la meta que su alma desea sinceramente.

Más allá de sus necesidades inmediatas, cada hombre tiene en sí mismo la estructura de sus aspiraciones. Es este marco de ideales el que le muestra la diferencia entre el bien y el mal. Cuando un hombre se desmarca de sus límites, pierde su sentido del bien y el mal; si permanece dentro de ellos, le resulta fácil comprender que todo lo que conduce a los ideales está bien y todo lo que le aleja está mal. Así, el concepto de bien y mal para cada individuo no es tanto producto de la moralidad de la sociedad en que vive como de los medios a través de los cuales puede reconocer todos esos ideales intangibles que ha definido para sí mismo como sus objetivos particulares. Conseguirlos le proporcionaría toda una vida de júbilo. Ninguno de nosotros está tan viejo o cansado como para creer en cuentos de hadas o en la presencia de Dios; espera el definitivo dios o algún sueño lejano más allá del horizonte de su propia imaginación. Es este intangible sentimiento de esperanza lo que da al hombre no sólo su entusiasmo por la vida y su deseo de conseguir más que sus logros actuales, sino también una poderosa fe en un final optimista de su futuro destino.

Cada individuo sabe de manera innata que en algún lugar existe un «cuerno de oro» al final de su arco iris. Para llegar a él, el hombre desea atravesar las tormentas de la vida de las que emerge como «capitán de su propio barco». Las pruebas y adversidades que se procura y conserva son sólo las olas de los mares por los que viaja hacia su tierra prometida. La superación de un obstáculo en el camino hacia un objetivo idealista le acerca a uno a la playa.

Los instantes en que un hombre se siente completamente abatido a lo largo de su vida son relativamente pocos en comparación con el tiempo que pasa dirigiéndose hacia sus objetivos. Algunas veces, uno pierde el rumbo y va por mal camino. Pero en todo momento, incluso en los niveles más profundos, se mantiene la pura esencia del ideal; la felicidad de esa vida está esperando a que uno quiera llevar su propio barco. Para algunos, esta gran felicidad puede depender de otra persona, o involucrar la seguridad que da el dinero, o puede ser alguna forma de algo esotérico o iluminación espiritual. Para muchas personas puede resultar algo bastante simple —procurándose el tiempo para, simplemente, «ser».

Resulta obvio que los ideales de felicidad son muchos y variados. Es por ello que cada individuo tiene el espacio y las opciones suficientes para personalizar a su manera el ideal particular que le aportará la más fantástica sensación de alegría y satisfacción.

Un poeta escribió: «Nadie es una isla...». De este modo, la definición de los grandes ideales propios no es un proceso fácil. El hombre debe enfrentarse a factores que están tanto fuera como dentro de sí mismo, antes de conocer la peculiar mezcla de circunstancias que le conducirán al verdadero deseo de su alma. El mayor obstáculo que el hombre encuentra a lo largo de su trayectoria es mantener las harmonías interna y externa. La primera *permite* conocer las metas e ideales que nos traerán la felicidad —«el cuerno de oro».

En lenguaje astrológico, el cuerno de oro se conoce como la parte de la fortuna. Es mediante la expresión de este punto que uno se siente más como en casa y es consciente de su posición correcta en la vida. La parte de la fortuna es también el punto mediante el cual uno se siente enraizado en el centro de su ser.

En ocasiones puede tardarse toda una existencia en conseguir los objetivos e ideales de una vida. Para aquellos afortunados que logran esa dorada vibración en un momento temprano de su existencia, debería existir mucha lucha comprimida en un período de tiempo relativamente corto. Así, está claro que la parte de la fortuna funciona mejor para un individuo en la segunda mitad de su vida que durante su juventud.

A causa de su carácter peculiar y de la promesa de tanto bien como pueda abarcarse, la parte de la fortuna representa ese lugar del horóscopo en el que, en su interior, el individuo sabe que no debe comprometer sus ideales. No sólo lucha contra sus propios conflictos, sino con los de la gente que le rodea para experimentar interiomente y expresar de puertas afuera toda la belleza de lo que sabe que es posible.

El primer factor al que los hombres se enfrentan en su camino de idealismo es la comprensión de la propia naturaleza solar. A través del signo solar, deben aprender quiénes son, qué están esperando y establecer una vibración de identidad muy positiva que crezca más en armonía con todo lo que la vida les ha dado. Una persona puede desear volver la cara hacia lo más brillante de sí mismo que, de hecho, es tan bueno que casi resulta increíble. Una persona debe aprender cómo energizar esta divinidad hasta que no haya más dudas para identificarse con ella. Uno debe aceptar todo lo que el universo ha significado para él como uno de los hijos más especiales de Dios, mientras al mismo tiempo disciplina sus peores aspectos que disipan la vitalidad y desvirtúan el esplendor de su gran potencial. Mediante el signo solar, uno debe saber quién es, no en términos de lo que piensen o digan los demás, sino más bien a través de cuánto puede conocerse de uno mismo. Afrontamos la formidable tarea de ser, a la vez, amables y estrictos con nosotros mismos. Como una planta floreciente, tenemos que aprender a orientarnos hacia los rayos del sol mientras permanecemos firmemente arraigados en ese lugar que se convertirá en el centro del ser. No debemos negar nuestra propia fuerza, tenemos que reconocer la debilidad, y permitir que la fuerza se ocupe de ella. Una persona debe aprender a irradiar todo lo que es de modo que cuando haya crecimiento, exista una capacidad de reflejar con más pureza la energía y la belleza de su ser.

Mediante el signo lunar, el hombre tiene que enfrentarse a una parte muy diferente de su naturaleza. Aquí, uno aprende cómo reaccionar emocionalmente a todas las fuerzas estimulantes de la vida. A base de mucha paciencia, uno desarrolla modelos de respuesta que se convierten en los bloques constructores de actitudes. El hombre encuentra sus mayores pruebas haciendo frente a las circunstancias ambientales de la vida. Experimentando las estaciones o cambios que fluyen en su interior, uno debe organizarse para lograr y mantener un claro y cuidadoso reflejo de sí, no sólo a través de sus propios ojos, sino a través de la retroalimentación recibida de los demás. En realidad, la elevación de la conciencia a través de la posición lunar es tarea difícil. Esto no significa que un individuo deba practicar el control emocional, sino más bien conseguir armonía emocional. A menudo, ambos no son lo mismo. Controlar las propias emociones a la luz de factores desagradables fuera de uno mismo es como llevar paraguas cuando llueve. Uno preferiría no lleva un molesto paraguas, pero, al mismo tiempo, al poder escoger entre el sol y la lluvia, preferiría que no lloviese. La verdadera armonía emocional viene de reconocer que uno no puede cambiar el tiempo, pero sí las formas en que uno se adapta a él. El sauce que se mece en la tormenta mientras sus hojas vuelan con los vientos cambiantes, vuelve a enderezarse cuando amaina la tempestad, y brilla de nuevo como una de las creaciones más magníficas de la naturaleza. Al mismo tiempo, un árbol frágil siempre es roto por la tormenta. Las ramas tiernas y las hojas del sauce se parecen mucho al carácter emocional del hombre como la representa la Luna. Aunque las ramas y la hojas se doblen con cada ráfaga, somos profundamente conscientes de que su supervivencia y crecimiento dependen de su habilidad para mantenerse unidos al tronco del árbol. Aquí, éste puede relacionarse con el signo solar, que es el centro de nuestro propósito.

El signo solar representa los factores que constituyen la esencia del individuo —un don—, que hacen de la persona únicamente ella misma. Mediante el signo lunar, uno aprende a adaptarse al mundo cambiante. La Luna es el almacén de los hábitos adquiridos para sobrevivir. El hombre se mide con respecto al mundo en que vive y trata de mantener un equilibrio entre las necesidades que sustentarán su signo solar y aquellas que la sociedad permite satisfacer en un momento dado. A través del signo lunar, uno considera las necesidades y opiniones de otras personas, y medidante respuestas significativas a ellos, los sostiene a ambos (él mismo y los demás). El equlibrio entre las emociònes, experimentado por la Luna, y las necesidades del Sol, y su integración, forman un nuevo sentido de ser que capacita al individuo a experimentar en la vida un objetivo simple y directo. El sentido de ser abre al individuo a una conciencia de los ideales que estructuran la dirección *y* el objetivo.

Considerar al Sol y la Luna como meros factores que conducen a un equilibrio dentro del individuo, significaría nuestra ignorancia de una ley universal: la ley de la tríada, o tres. En cualquier aspecto de la naturaleza, dos de algo provoca un desequilibrio. Vemos los extremos opuestos del vaivén, con un extremo arriba y otro abajo. Las situaciones positivas/negativas siempre existen cuando se consideran dos únicos factores. Las cosas se le aparecen a uno convertidas en bien o mal, blanco o negro, alto o bajo, derecha o izquierda, este u oeste, grande y pequeño, dominante o sumiso, y la lista podría seguir indefinidamente. Sólo cuando se considera la ley del tres se consiguen el equilibrio y la perfecta armonía. Es el vértice de la pirámide a través de la cual se concentra todo el poder, el fulcro y el centro del balancín en el que pueden mecerse los extremos opuestos. El concepto de Dios en gran parte del mundo occidental se presenta bajo la forma de la Trinidad. Las relaciones entre dos personas sólo funcionan sin problemas en presencia del divino poder supremo. Las dos caras de la moneda no tienen sentido sin el tercer factor de la esencia del significado del propio dinero.

La ley del tres está siempre presente en astrología. Cada signo del zodíaco está dividido en tres partes, o decanatos. Hay treinta grados para cada signo —tres veces diez. Cada cuadrante del zodíaco contiene tres signos que representan las estaciones del año. Existen tres cualidades para los elementos: cardinal, fijo y mutable. El aspecto gran trino, mediante el cual una milagrosa protección divina parece brillar y ayudar siempre a un individuo a valerse por sí mismo, se simboliza por tres puntos. La geometría, con la cual la astrología está directamente relacionada, permite al hombre construir el triángulo físico que es la forma arquitectónica más resistente para un individuo.

El ascendente es el tercer factor que equilibra los signos solar y lunar. Todas las energías planetarias se experimentan y expresan a través del ascendente. Es aquí, particularmente, que la pugna entre el Sol y la Luna se sentirá con más fuerza. Aquí, uno desarrolla la personalidad que le permite ocuparse cómodamente de necesidades y sentimientos. Las dificultades experimentadas al afrontar circunstancias externas generalmente fuerza a la mayoría de la gente a utilizar el ascendente para armonizar las energías de la Luna a expensas de las del Sol. De este modo, la personalidad desarrollada en el ascendente también se usa como una fachada mediadora para templar todo lo que un individuo siente y todo cuanto cree que los otros piensan que debería sentir. Eso concentra gran atención en la Luna, pero en realidad dice muy poco de necesidades del signo solar.

Cuando la personalidad, simbolizada por el ascendente, y el sí mismo emocional o habitual, simbolizado por la Luna, pueden dominar al Sol, estamos frente a una situación en la que la base de una pirámide es considerada más importante que el vértice. La base existe para soportar el vértice, y no al revés. En la Biblia se dice: «Y los constructores rechazaron la piedra angular». La esencia fue ignorada y sacrificada por un nivel inferior del ser.

Para reajustar el equilibrio, un individuo debe ser más consciente del poder de su signo solar. La mejor manera de hacerlo astrológicamente es, para algunos, volver a dibujar la carta con el Sol en el ascendente o situando mentalmente el Sol en esa posición. Al hacer que el Sol forme una conjunción con el ascendente, la personalidad del individuo se armoniza con las necesidades del Sol. Así, aumentamos la importancia del Sol, y no permitimos que la personalidad actúe independientemente de él. Ahora, ambas deben funcionar juntas hacia un objetivo común. Obviamente, esto cambia el énfasis de la Luna. Si el ascendente funciona ahora como un producto del Sol, y ya no es una fachada para la Luna, es ésta quien debe entonces colaborar en este nuevo equilibrio que representa la fuerza y el potencial del individuo. Sigamos con la analogía del sauce: si el tronco del árbol (el Sol) ha sido trasplantado al ascendente, entonces las hojas (la Luna y las necesidades emocionales) deben moverse también *y* en la misma medida. No podemos talar nuestro árbol aparte. Para que ello se cumpla, movemos la Luna el mismo número de grados en la misma dirección en que movimos el Sol. Por ejemplo: si el Sol estaba a 15 de Aries, la Luna a 15 de Capricornio y el ascendente a 15 de Cáncer, imaginaríamos el Sol en el grado del ascendente y la Luna 90 grados detrás de él, o a 15 de Aries. La relación de grados entre la Luna y el Sol es invariable —son los mismos 90 grados. Sin embargo, la posición del signo ha cambiado. Otro ejemplo más: el Sol, a 12 de Piscis; la Luna, a 6 de Acuario; el ascendente, a 25 de Cáncer. El Sol y la Luna están separados 36 grados. Si el Sol se visualiza en el ascendente, 25 de Cáncer, la Luna estaría 36 grados detrás de él o a 19 de Géminis. (Los diagramas que siguen clarificarán este proceso.) La nueva posición de la Luna —signo y grado— constituye el aspecto de la fortuna. En nuestros ejemplos, el primero situaría la influencia a 15 grados de Aries; el segundo, a 19 de Géminis.

La parte de la fortuna simboliza el lugar del horóscopo a través del cual el Sol, la Luna y el ascendente están en la mejor relación armónica que puede existir entre ellos y se expresan fácilmente como la mejor ventaja para el individuo.

Cómo encontrar la parte de la fortuna

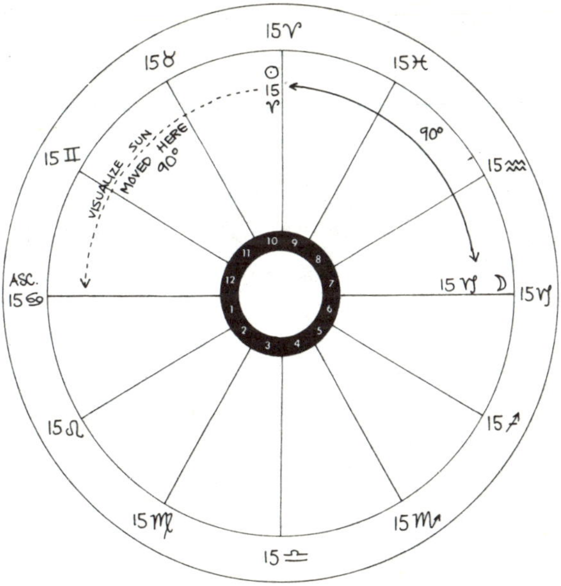

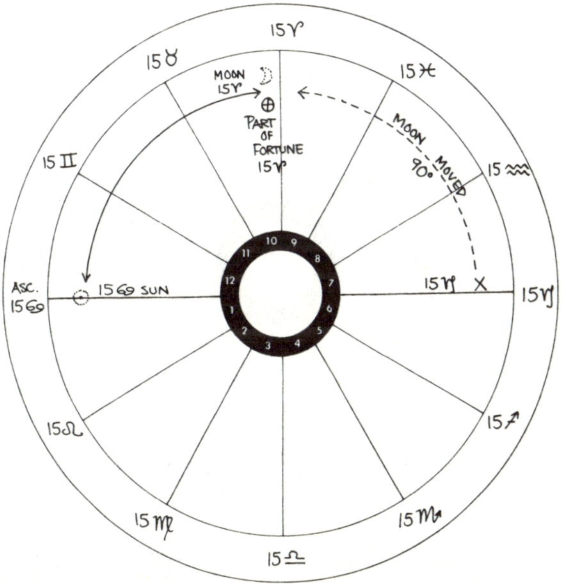

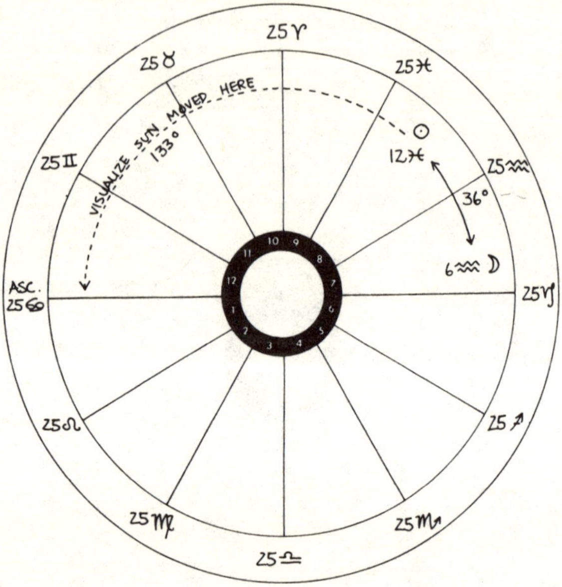
VISUALIZE SUN MOVED HERE
133°
36°
12♓
6♒
ASC.
25♋

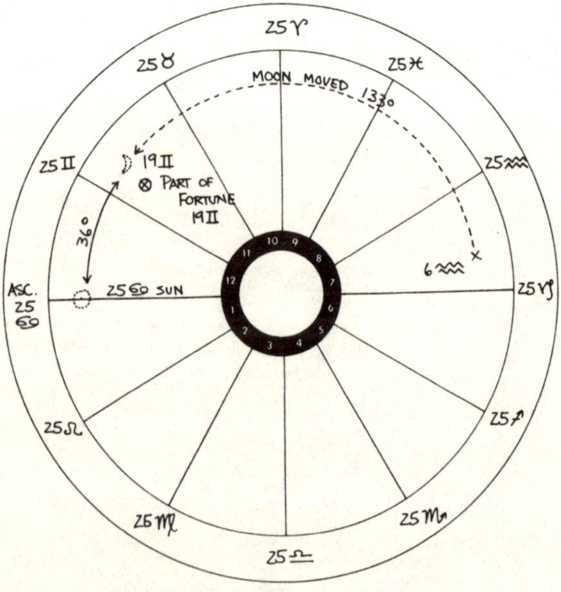
MOON MOVED 133°
19♊
⊗ PART OF
FORTUNE
19♊
36°
25♋ SUN
6♒
ASC.
25
♋

Al igual que el planeta Júpiter, la parte de la fortuna también promete abundancia. Sin embargo, en sentido lato comprende mucho más del ser del individuo que cualquier planeta en concreto. Pone en armonía al sujeto con el medio en el que le será más fácil triunfar y define para cada uno dónde estará su particular y singular éxito. También muestra la necesidad más fuerte de una persona, mediante la definición de la tónica en que vibra todo su ser.

En cada individuo existe un ego y un ego ideal. La manera más sencilla de definir el ego es decir que es lo que una persona piensa de sí misma. Sean o no correctos esos pensamientos, el modo en que los percibe se convierte en su ego. Al mismo tiempo, su ego ideal está formado por los pensamientos que representan todo lo que le gustaría ser y no es. Así, el ego ideal es siempre mucho más que el ego real en términos de los propios sueños de satisfacción. En consecuencia, cuando una persona se mira a sí misma ve su ego ideal, o todo aquello que le gustaría ser, y su ego (el conocimeinto de lo que es en realidad) al mismo tiempo. A menudo, ve un abismo entre ambos, lo que le motiva a ir más allá de todo aquello que tiene a su alcance en la actualidad.

El propio ego cambia día a día, momento a momento, según los actos del individuo, el ambiente en el que se encuentra y lo exitoso que ve que es —a los ojos de sí mismo y a los de los demás. No obstante, el ego ideal es más que un punto fijo en la mente, mundo y destino del individuo. Simboliza aquella parte de sí mismo que cree que le satisfaría —si pudiese lograrlo. De este modo, el ego ideal representa algo por lo que el individuo se está esforzando interiormente, y esta satisfacción dichosa puede conseguirse al encontrar la armonía prometida por la parte de la fortuna.

La parte de la fortuna y la recompensa kármica

Ya que la parte de la fortuna depende de cómo utilice el individuo su Sol, su Luna y su ascendente, los beneficios que de ella recibirá dependerán del funcionamiento de esos tres factores en su horóscopo. Si se han usado negativamente, la parte de la fortuna puede parecer una parte de desgracia. Eso ocurre porque el individuo no ha intentado elevar la conciencia representada por la Luna. Resulta fácil observar por qué ello es así cuando uno se da cuenta de que al desplazar el Sol hacia el ascendente es el *nuevo* emplazamiento de la Luna la que en realidad determina la parte de la fortuna en el horóscopo.

Si un individuo ha estado usando su Luna con fluidez, y como parte dinámica e integradora del horóscopo, o sea, armonizando el alma con el resto de su ser, entonces puede esperarse que la parte de la fortuna funcione muy positivamente. Por otro lado, cuando un individuo ha estado usando su Luna como almacén para los malos recuerdos, cabe esperar que la parte de la fortuna no funcione positivamente. Incluso en el peor de los casos la Luna representa crecimiento, cambio, el desarrollo de nuevas costumbres y la iniciación a nuevas actitudes emocionales que acabarán ayudando a elevar el propio karma. Muchos astrólogos estarían de acuerdo en que es la Luna quien suele proporcionar a la gente sus mayores dificultades. Es interesante notar, desde un punto de vista horario, que mucha gente concierta citas para lecturas astrológicas en días en que la Luna en tránsito pasa por la casa de su horóscopo que justamene describe la razon por la cual piden esa lectura en primer lugar. Así puede verse la importancia del papel de la Luna en la resolución de los propios problemas. Es mediante dicha resolución que la parte de la fortuna se convierte en una fuente ideal de inspiración —el proverbial cuerno de oro al final del arco iris de cada uno.

Alcanzando la parte de la fortuna

En un nivel muy simple, la parte de la fortuna puede considerarse un punto de suerte en el horóscopo de una persona, una fuente de oportunidades mediante la cual uno puede conseguir sus mayores deseos. Aun con todo, las idea de suerte, oportunidades, satisfacción y realización siguen siendo abstractas a menos que el individuo concentre esfuerzos hacia su objetivo.

A principios de siglo, muchos emigrantes fueron a América creyendo que «las calles estaban pavimentadas con oro». Por desgracia, la mayoría aprendió pronto que aquello sólo era un mito. No obstante, hubo unos pocos cuyos esfuerzos individuales consiguieron, de hecho, convertir ese mito en una realidad en sus propias vidas. La idea de que, a los ojos de Dios, todo el mundo tiene las mismas oportunidades para ser feliz sigue siendo una mera idea salvo para aquellos cuyos esfuerzos hacen de este concepto, en apariencia intangible, la realidad de su existencia. La visión del movimiento espiritual en el mundo actual es, en efecto, muy hermosa. Pero la verdadera experiencia está sólo al alcance de hombres y mujeres que están deseando encontrar y superar los obstáculos que los separan de la unión con su Divino Yo. En esencia, la parte de la fortuna funciona con mucho del mismo modo. Está ahí para aprovecharla, pero debe lucharse por ella. En este sentido, hay un hecho muy claro: existe siempre una bendición divina en cada parte de la fortuna. El que la capacidad de un individuo reciba esa bendición depende completamente de si su vida está orientada o no hacia los más elevados ideales. Si no es así, entonces uno se dispersa por distracciones momentáneas de cosas que parecen mucho más gratas y fáciles de obtener. Naturalmente, el grado de esas bendiciones varía con cada individuo. Si las expectativas se sitúan en el plano material, entonces la parte de la fortuna operará materialmente; si son espirituales, lo hará espiritualmente. Aquellos que ejercen el control sobre todos los aspectos de su vida también controlan, esencialmente, su parte de la fortuna. Ello tiende a limitar sus posibilidades. Cuando el individuo es capaz de creer que todos los factores y circunstancias de su vida, así como los del mundo, están designados por el bien último de su evolución, entonces está añadiendo infinitas posibilidades a aquellos cuya parte de la fortuna puede aportar. Con esta perspectiva, bien puede recibir lo que está más allá de sus expectativas. Se requiere una gran preparación para que ese rayo resplandeciente entre en la vida de uno.

Las actitudes de cada uno juegan un importante papel en la visión de la vida de la persona. A veces, estas actitudes son una parte y un reflejo de su propio sistema de valores. Éstos se desarrollan en las primeras etapas de la vida debido a las influencias de los padres. Astrológicamente podemos verlo a través de la posición del Sol, que representa al padre, y la Luna, que significa la madre. A medida que una persona crece, empieza a encontrar figuras suplentes para la autoridad y la ternura. Se establece una sensación de seguridad para equilibrar éste y otros factores que comprenden el sistema de valores. En otras palabras, a medida que uno crece, sus valores cambian. Sin embargo, nunca llegarán a abandonar el marco de las posiciones del Sol y la Luna en la carta. Cuando dicho proceso de sustitución encuentra un sistema de valores más elevado, la armonía interna se desarrolla más cerca de los ideales que son de evolución rápida. El modelo cambia y emerge una nueva identidad, expresada a través del ascendente. Que esta nueva identidad esté cerca o lejos de lo que aprendió en su juventud no importa. Lo que sí es importante es si eso representa una distorsión de los ideales o bien una armoniosa mezcla de los objetivos más profundos. Si cumplimos esos objetivos, las actitudes desarrolladas a partir del sistema de valores nos conducirán a la promesa de la parte de la fortuna.

La parte de la fortuna: un determinante focal

La parte de la fortuna simboliza la mayor recompensa que puede recibir un individuo. Por lo tanto se convierte en un punto muy importante y delicado del horóscopo y, en consecuencia, toda la carta puede leerse a través de él. Podemos ver la forma en que las energías planetarias pueden usarse para situar al individuo en el camino de la gran promesa. Una vez hecho, todos los obstáculos, conflictos y tensiones que aparecen en la carta pueden considerarse como herramientas o importantes escalones para el logro de esa meta singular que aportará al individuo la mayor de las felicidades. El horóscopo adquiere ahora una perspectiva más amplia. Más que centrarse en cualquier conflicto o problema particular del individuo, dirige la atención hacia ese punto específico de la carta en que la persona puede encontrar la expresividad y la alegría más grandes. En consecuencia, una persona puede aprender a utilizar todas sus energías planetarias, enfocándolas en el área del más vehemente deseo del alma. Como determinante focal, la parte de la fortuna brinda una visión más allá de lo que percibe la mente inferior o concreta, y crea la propia perspectiva para la abertura de la mente intuitiva o elevada. Esta apertura deja que emerjan las metas e ideales verdaderos, dando expresión a la naturaleza esencial del alma. La espiral gira hacia dentro y hacia fuera a la vez.

Modelos y la parte de la fortuna

En las cartas de nacimiento de la Luna llena, la parte de la fortuna cae siempre en la Casa séptima, independientemente de las Casas que estén involucradas en realidad. La oposición Sol-Luna indica siempre algún tipo de conflicto con los padres. El individuo suele iniciar la resolución de dicho conflicto después de casarse y ser padre. En este caso, la parte de la fortuna en la Casa séptima indica la posible felicidad que puede resultar después de superar los conflictos que podrían haber afectado a una persona durante casi media vida.

A otro nivel, tanto si el individuo se casa como si no, la oposición Sol-Luna acabará proporcionando un estado de conciencia muy objetivo y una clara visión de las cosas. La parte de la fortuna en la Casa séptima, equilibrada por la regencia natural de Libra, da al individuo la oportunidad de ver la vida a través de los ojos de los demás, así como los suyos propios. La percepción de la vida se convierte en una extensión *a través* de las percepciones de los demás. Al final se alcanza un equilibrio entre todas las posibles formas de visión, y se consigue una unidad de sentimiento y ser que sirve para hacer del individuo el foco de una gran resolución y energía espiritual.

En los horóscopos que muestran una conjunción del Sol y la Luna, el horóscopo de la Luna nueva, la parte de la fortuna siempre cae en el ascendente. Según la exactitud de la conjunción, la parte puede estar situada a uno o dos grados de la cúspide, tanto en la Casa primera como en la duodécima. La parte de la fortuna de la Luna nueva muestra que el individuo alcanzará su mayor satisfacción comprendiéndose a sí mismo y al mundo a través de sus propios ojos, más que a través de los ojos de los demás. Esto se cumple aprendiendo a usar la conjunción Sol-Luna de la forma más positiva posible. De este modo, uno es capaz de desarrollar una armonía en la personalidad mediante la cual se expresa una gozosa unidad del Yo que quedará firmemente establecida. La visión de la vida puede ser sumamente subjetiva. Este individuo puede añadir incluso cierta frescura y vitalidad procedente de la unión del Sol y la Luna. El pasado, representado por esta última, se quema a causa del calor y la luz del sol. Ahora todo lo que queda es un nuevo comienzo; una efusión de espíritu dirigido hacia la perfección de la personalidad como vehículo para la manifestación del alma.

Cuando la Luna está en cuadratura con el Sol, la parte de la fortuna también forma ese aspecto con el ascendente y cae tanto en la Casa décima como en la cuarta —el medio cielo o el nadir. Las cúspides de estas Casas angulares son supersensibles, bajo la regencia natural de Saturno y la Luna, al estar gobernadas por Capricornio y Cáncer, y significan, entre muchas otras cosas, un potencial latente y su manifestación. La cuadratura Sol-Luna indica tensión entre los padres. El individuo lo experimenta y lleva consigo durante toda su vida. De este modo, existe una poderosa necesidad de encontrar una solución a esa tensión. El establecimiento de una armonía con los pensamientos de uno de los padres suele ser útil para llevar a cabo dicha resolución. Dado que la Casa cuarta representa la madre y la décima el padre, la posición exacta de esta parte indica claramente mediante cuál de los dos progenitores el individuo podrá librarse de esa tensión. Sin embargo, hay casos en que puede verse a uno de los padres en la casa opuesta. Un esmerado examen de la carta revelará qué casa puede asignarse debidamente a uno de los padres en concreto. Será esta área de la vida, y los modos en que el papel de padre sea asumido por el individuo, la que le aportará la mayor satisfacción.

La parte de la fortuna puede compararse a la anilla metálica del tiovivo de la vida. Para alcanzarla, debe pagarse entrada, y el individuo debe desear ir a por él. Si el aspecto entre el Sol y la Luna es armónico o inarmónico, todavía hay mucho trabajo que hacer antes de experimentar un gran beneficio de la parte de la fortuna.

En el caso de la oposición, debemos eliminar el karma que ha estado persistiendo durante vidas. Debemos dejar de intentar ser el centro del universo y comprender nuestro pequeño papel dentro del gran plan. Tenemos que ser un equilibro entre dar y recibir, teniendo en cuenta que demasiado de ambos es destructivo para el objetivo de una completa objetividad. El individuo permanece con un pie en el pasado y otro en el futuro. Existe un deseo de acción y de ver actuar a los demás. Existe un deseo de guiar y de ser guiado; un deseo de evolucionar y de seguir igual. Existe una necesidad de adquirir y otra de conceder. No es una maravilla que el individuo nacido en Luna nueva esté constantemente rodeado de opuestos. Existe el sentimiento de vivir en dos universos al mismo tiempo y de considerarlos a ambos simultáneamente. Buda (junto con otros maestros y seres iluminados) es un ejemplo de esta oposición Sol-Luna y la recompensa definitiva de la parte de la fortuna en la Casa séptima. En muchos casos, este aspecto representa la montaña más alta y, como tal, la más difícil de escalar. Pero la vista que hay desde la cima quita el aliento.

El nacer en Luna nueva puede parecer más armónico para el individuo. Sin embargo, hay que recordar que la Luna representa las reacciones de la persona ante el mundo exterior. También representa aquello que un individuo cree que los demás piensan de él. Por eso, esta peculiar conjunción se vuelve extremadamente difícil dada la gran autoconciencia que la persona debe superar. Ello debe lograrse antes de que uno se vea claramente a sí mismo, sin considerar subjetivamente el ambiente que le rodea como relacionado directa o personalmente con lo que siente o piensa. En su juventud, esta persona se identifica fuertemente con algo o con alguien. Existe la creencia de que los demás se dan cuenta de cada «falta» que él advierte en su interior. Eso conlleva a una tendencia a sobrerreaccionar a las circunstancias ambientales que, en realidad, son impersonales. Este individuo tiene la tarea más difícil a fin de desarrollar una identidad que dependa menos de las cosas externas y más de lo que se proyecta desde el interior. La armonía paternal, a menudo representada por la conjunción Sol-Luna, puede no ser un factor tan simple como parece superficialmente. Por otra parte, puede dar la impresión de que la unidad de ideas y actitudes aporta armonía, pero de hecho puede ser un estorbo para el establecimiento de la identidad personal, profundidad y plenitud del ser. Así, incluso el individuo orientado subjetivamente debe pasar por procesos de crecimiento y cambio. Necesita centrarse más en esperanzas para el futuro y nuevas ideas más que en aquellas que fueron proyectadas en él cuando era niño.

En la cuadratura Sol-Luna encontramos un panorama bastante distinto. La tendencia ambiciosa creada mediante la cuadratura se designa para conseguir finalmente la aceptación del padre representada por la casa en la que se sitúa la parte de la fortuna, o por su cúspide más cercana. De este modo, una poderosísima energía interna impulsa al individuo tanto a conseguir compensar las incapacidades experimentadas en su juventud (si la parte cae en la Casa cuarta), o a superar el sentimiento de estar bajo figuras de autoridad (Casa décima). En cada caso, el esfuerzo no es tanto cuestión de tratar de complacerse a sí mismo como un intento de probarse a sí mismo que es digno de la aceptación de aquellos a quienes considera superiores. Sin embargo, incluso con esta motivación y esta perspectiva, el individuo puede conseguir una gran satisfacción. Ello puede hacerse si uno reconoce y se da cuenta de que las limitaciones creadas por el dominio pueden superarse mediante logros, lucha y dedicación a los ideales. Esta cuadratura Sol-Luna y el lugar de la parte de la fortuna simboliza la necesidad de elevarse por encima tanto de una idea, un principio, una debilidad inherente o una personalidad dominante que ha impedido al individuo alcanzar su potencial. Sólo cuando la persona empieza en realidad a alcanzar dicho potencial, es capaz de ver todo lo que la parte de la fortuna promete.

La última relación mayor entre el Sol y la Luna es el trígono. Este aspecto entre las luces indica una armonía interna de los principios que representan. Dondequiera que aparezca este aspecto, la parte de la fortuna siempre estará en trígono con el ascendente. En muchos casos, la parte aparecerá en la Casa quinta, regida por Leo, o en la novena, regida por Sagitario. Éstas están regidas, respectivamente, por el Sol y Júpiter, que dan al trígono sus características: fácil, fluir sin preocupaciones, confidencia —la creencia de que uno está en lo cierto y «sabe»— y suerte. El trígono posee siempre estas cualidades, incluso si no está situado en las casas o signos arriba mencionados.

El trígono indica la necesidad de cultivar activamente el lado práctico de la naturaleza del fuego, y por reflejo con los signos opuestos, el lado práctico de los signos de aire. La parte «activa» de este proceso se deriva de Marte, regente de Aries, el primer signo cardinal de fuego.

El trígono también representa las muchas circunstancias que escapan al control del individuo. El signo de Leo, y la Casa quinta, mantiene la regencia sobre la voluntad. Uno debe desarrollar la fuerza interior para enfrentarse a las exteriores. Si la parte de la fortuna está en la Casa quinta, generalmente la voluntad está de acuerdo con los principios de la sociedad establecida. Si la parte se halla en la Casa novena, la mente puede estar dirigida hacia los ideales y estándares que, mientras no estén necesariamente en conflicto con los principios establecidos, pueden representar, sin embargo, un nivel de aspiración no considerado conscientemente por la totalidad de la población. No obstante, es importante recordar que Leo puede ser el rey filósofo y Sagitario el déspota benevolente. Aquí no hay reglas establecidas. Simplemente estamos sugiriendo posibles líneas de acercamiento, y no decimos que la Casa quinta sea para los más «conservadores» o la novena la de carácter más liberal y avanzada. En ambos casos, los signos y Casas están regidos naturalmente por «planetas» que representan los más altos principios: la luz y la verdad. El trígono simboliza estos dos factores trabajando juntos, sin estorbos. Vienen dados. Si el individuo aprende con éxito las lecciones que la vida le plantea, entonces la voluntad y las aspiraciones pueden expresarse fácilmente a través del ascendente. Ésta es la tónica del trígono —expresión fácil. El trígono Sol-Luna se muestra a sí mismo mediante la suave manifestación de la voluntad y las aspiraciones; un futuro en armonía con lecciones anteriores, e ideales salidos de un armonioso pasado. A veces, esta expresión es casi demasiado llana, y el individuo está tentado de dejar escapar cosas, y no tomar un activo o poderoso papel en su propia vida. Es aquí donde la importancia del primer signo de fuego, Aries, resulta evidente: activo, decisivo, resuelta energía marciana, equilibrada por una considerada, inteligente y precisa energía librana (venusina). El equilibrio de la tríada del fuego, simbolizado por el trígono, proporciona al individuo la intención, el deseo y las aspiraciones que mantiene la vida y ennoblecen el espíritu.

La parte de la fortuna y el horizonte

La parte de la fortuna actúa de forma distinta cuando aparece en los diferentes hemisferios del horóscopo.

Cuando la parte de la fortuna aparece bajo el horizonte, el don de la satisfacción que experimenta la persona está en el dar. La mayor felicidad se consigue mediante todo aquello que da a los demás. Cuanto más capaz sea de dar, más satisfacción es capaz de experimentar.

Cuando la parte de la fortuna aparece en el hemisferio superior, el individuo está destinado a recibir una especie de bendición de los demás. Considerándolo desde un punto de vista kármico, sin duda su alma se lo ganó en vidas de servicio previas. El individuo que reciba futuras recompensas está ganándoselas ahora a través de su parte de la fortuna en el hemisferio inferior. Eso muestra claramente si una persona está viviendo un karma de siembra o de recolección en su vida actual. El individuo con su parte de la fortuna en el hemisferio inferior planta ahora las semillas del amor, para recibir lo mismo en el futuro. No hay mayor satisfacción que la que uno experimenta al dar. El individuo que tiene su parte de la fortuna en el hemisferio superior vive un karma de recolección del que recibe la cosecha de todo lo que plantó en el pasado; y recibir con humildad y gratitud es ser verdadero merecedor de ese regalo.

2. LA PARTE DE LA FORTUNA: UN PUNTO DE ARMONÍA

Los estudios de los signos solares en astrología prestan mucha atención al efecto de los signos opuestos. Parece comúnmente aceptado que cuando un individuo tiene dificultades en vivir bajo su propio signo solar, experimenta una fuerte tendencia a expresar las características más negativas del signo opuesto. Es por ello que los taurianos, que prácticamente nunca pierden la paciencia, son conocidos por tener las rabietas más explosivas de todo el zodíaco. Estos rarísimos pero potentes arrebatos no son en absoluto la expresión de Tauro, sino la característica más negativa de su polo opuesto, Escorpio.

Cuando se les hiere, los cancerianos son conocidos por retraerse, encerrarse en su concha, esconderse tras un muro y, literalmente, no hablar a quien les haya herido durante meses. Esta clase de comportamiento no está en modo alguna en armonía con el verdadero calor y sinceridad de Cáncer, pero es una de las más negativas expresiones de su polo opuesto, Capricornio.

Cuando uno rechaza la ayuda y la guía desinteresada de un Leo considerado, casi siempre puede esperarse la respuesta de Leo diciendo: «De acuerdo. He hecho lo que he podido. Ahora, hazlo tú mismo». Esta aparente actitud de abandono no se encuentra nunca en el propio signo de Leo. Su objetivo primordial es estar siempre al servicio de los demás. Sin embargo, viendo la futilidad de una situación dada, toma partido la frialdad acuariana.

De modo similar, uno puede observar fácilmente cómo cada signo solar muestra poderosas cualidades de su signo opuesto. Más a menudo de lo que parece, éstas serán las características más negativas de ese signo porque suelen mostrarse como resultado de la resistencia y frustración con que uno encuentra tratando de ser él mismo. Podríamos llamar a eso «tratar de arrebatar la paja».

No obstante, cuando llegamos a la parte de la fortuna, los polos opuestos deben considerarse de manera distinta. La parte de la fortuna siempre es un punto de armonía. Para que funcione como tal, al signo que lo está oponiendo no debe permitírsele tirar negativamente en dirección contraria. Si dejamos que ello ocurra, entonces la parte de la fortuna no puede trabajar como un centro armónico en la carta del individuo. En vez de eso, se convierte en una distorsión basada en una fuerte lucha entre el signo en que cae y el signo opuesto. Si el individuo quiere aprender a expresar las cualidades más positivas del signo opuesto, entonces arranca los obstáculos que de otro modo impedirían la expresión más elevada de la parte de la fortuna.

Felicidad, suerte, facilidad de funcionamiento, y el concepto de la armonía en general no son sólo productos de la convergencia de fuerzas positivas. Ésa sería solamente una cara de la moneda. De hecho, son una expresión de la ausencia de fuerzas opuestas. De este modo, un individuo experimenta en su vida, a la vez, diez fuerzas positivas y diez unidades negativas —diez unidades opuestas— cuyo resultado final dejará un entumecido sentimiento de neutralidad. Tan pronto como el equilibrio se tambalea, ya sea añadiendo una fuerza positiva o eliminando una fuerza opuesta, el individuo empieza a sentir más felicidad. Por otro lado, si el equlibrio se rompe en la otra dirección, eliminando una fuerza positiva o añadiendo una negativa, el individuo empieza a perder la sensación de felicidad. A fin de comprender cómo alcanza un individuo su mayor felicidad, el concepto de felicidad en su totalidad debe considerarse como lo que parece ser un punto descentrado en un espectro de fuerzas positivas y negativas. Tan descentrado como parece ser toda experiencia positiva de felicidad, es, de hecho, el verdadero centro de nuestro ser.

El mundo parece estar lleno de fuerzas positivas y negativas que se manifiestan como circunstancias deseables o indeseables a las que cada uno debe enfrentarse. Es importante comprobar aquí que todos debemos luchar con estas fuerzas desde el centro mismo de nuestro ser. El estado actual de evolución (y conciencia) de un hombre dado nunca es el mismo en dos ocasiones cualesquiera, ni el mismo para dos personas distintas. Ahí es donde tenemos que actuar —en nuestro ser. Al mismo tiempo, tenemos que trabajar en nuestro conocimiento. Así, en el momento presente, sólo es Dios quien puede experimentar el equilibrio, la neutralidad, de millones de fuerzas aparentemente opuestas, tanto el bien como el mal, lo positivo y lo negativo, lo deseable y lo indeseable. A nivel humano, cada uno de nosotros es una pequeña parte de la totalidad divina. Sin embargo, aunque parezca que ha sido desplazado del verdadero centro del ser universal que solamente el propio Dios es capaz de ver, el centro del ser de cada uno es capaz de experimentar el gozo divino de un modo muy especial.

Si cada individuo busca su felicidad utilizando el Sol, la Luna y el ascendente de la forma más positiva, procurando no ofender, herir o crear negatividad con la gente y las circunstancias representadas por el signo y la Casa que se oponen a su parte de la fortuna, es obvio que a los ojos de Dios el mundo experimenta una evolución positiva. Si, por otro lado, cada individiuo busca la felicidad a través del uso positivo más armonioso de su Sol, Luna y ascendente pero *deja* de ceder frente a la gente, circusntancias y acontecimientos simbolizados por la casa y el signo opuestos a su parte de la fortuna, entonces, a través de los ojos de Dios, el mundo experimenta el caos.

La parte de la fortuna siempre tiene una cualidad divina que está más allá de los esfuerzos personales del individuo, sus creencias y su sensación de felicidad. Por lo tanto, es importante que en la búsqueda de un individuo de lo que es mejor para él no viole lo que, a la larga, es mejor para la evolución de la sociedad en la que toma parte. Por esta razón, todos los factores que se oponen al florecimiento de la parte de la fortuna de un individuo deben ser tratados de la forma más positiva posible. La respuesta a todo esto radica en la habilidad para ser completamente impersonal con todos esos factores, circunstancias y acontecimientos que se encuentran en la casa y el signo opuestos a la parte de la fortuna. Éstos son factores mundiales o universales que pueden distraernos fácilmente de la trayectoria específica que conducirá a la gran felicidad. Uno debe aprender el modo de aceptar estos factores y tratar con ellos de forma que guíen la evolución del mundo de manera que no sólo coopere con la bondad divina, sino que al mismo tiempo permanezca impersonal para todos aquellos factores que parecen oponerse al sentido personal de felicidad.

El individuo confronta su yo impersonal en la casa y signo opuestos a la parte de la fortuna. Eso tiende a crear una fuerte tendencia a reformar las actitudes y modelos de conducta de los demás. Aquí, uno empieza a comprender la parte de sí mismo que no es personal, pero que en vez de ello refleja el papel jugado en el plan magistral. Si en esta área, uno expresa amor, comprensión y sabiduría, que son dones de Dios, uno está cumpliendo una obligación del Creador. Cuanto más capaces seamos de hacerlo, más podremos experimentar la parte de la fortuna. En este acercamiento existe una supresión de todas las fuerzas negativas del yo personal mediante el reconocimiento y la expresión de aquella parte de nosotros que era importante para Dios, el Yo impersonal. El sentimiento personal de felicidad, tal como se encuentra en la parte de la fortuna, y el sentimiento personal de felicidad como lo encontramos al expresar un aspecto más universal del yo a través del signo opuesto, pueden estar en armonía el uno con el otro más que en conflicto.

Al grado exacto y el signo que se oponen a la parte de la fortuna mediante los cuales cada uno de nosotros experimenta una parte de la realidad universal, les llamo la conciencia impersonal —el símbolo CI, como se indica en las cartas del capítulo 7. Cuando un individuo satisface su parte de conciencia impersonal, el suministro y el apoyo recibido de esta área de la carta se vuelve sumamente abundante. No sólo empieza a eliminar obstáculos que de otro modo habría en el modo de experimentar los grandes beneficios de la parte de la fortuna, sino que de hecho da el sentido de perspectiva correcto a través del cual uno puede sentir una gran satisfacción personal. Al mismo tiempo, permite conocer que uno es parte integrante de la totalidad cósmica.

Poco importa aquí si el hombre considera a Dios como algo lejano, una divinidad nebulosa, o la suma total de la realidad cósmica perceptible. Lo que importa es que el sentido buena fortuna y felicidad de un individuo es imposible sin su sentimiento de cooperación con algún poder supremo. Si ese alto poder es algo infinito en lo que uno cree, o el origen de un universo perfectamente equilibrado, o simplemente lo que armoniza a la persona con las fuerzas naturales allende su control personal, no se trata de que en el reconocimiento y cooperación con esta fuerza radique todo el potencial para experimentar una gran felicidad, y la comprensión de cómo la vida de uno es parte que discurre del río de toda vida.

3. LA PARTE DE LA FORTUNA EN LAS CASAS

En la Casa primera

Aquí, el individuo recibirá sus mayores beneficios de la vida tras haber aprendido a ser meramente subjetivo, no sólo con respecto a sí mismo, sino en su visión del mundo en general. El concepto de conciencia subjetiva suele considerarse de manera negativa cuando se lo compara con una percepción objetiva de la realidad. Sin embargo, para el individuo con la parte de la fortuna en la Casa primera, la capacidad de mirarse a sí mismo y al mundo exclusivamente a través de sus propios ojos, más que a través de los de los demás, es lo que le aportará sus mayores logros. La idea de éxito en cualquier área de la vida se basa en la capacidad para concentrar la energía en una sola dirección, sin distracciones. Para hacerlo, debe desarrollarse una visión en una dirección altamente subjetiva. En cuanto el individuo aprenda que todo procede de sí mismo, dependerá menos de las visiones que los demás tienen de él y de su trabajo.

Cuando la parte de la fortuna aparece en la Casa primera, existe una fuerte probabilidad de que el Sol y la Luna estén formando una conjunción en el horóscopo. En los casos en que ello es así, resulta obvio lo importante que es para el individuo juntar los poderes de ambos astros de modo que pueda verse a sí mismo como el centro de su vida, esforzándose hasta el final para que sea completo. El resto del mundo con el que está en contacto estará entonces en armonía con sus propias metas y ambiciones. Para esta persona es importante dirigir su vida a lo largo de una carrera significativa. No recibirá mucha ayuda de los demás, a menos que la pida. Sin embargo, cuando lo haga, debilitará los beneficios de la parte de la fortuna de esta Casa primera al no depender tanto del poder del yo armonioso que es capaz de desarrollar. Su mayor suerte llegará cuando muestre independencia y autosuficiencia. Cualquier objetivo y ambiciones que consiga en la vida, no importa lo grandes que parezcan, acabará siendo secundario a todo lo que llegue a comprender descubriéndose a sí mismo.

Si el individuo gana a la lotería, ocurrirá cuando esté solo. Si le promocionan en el trabajo, no será por los esfuerzos de alguien más. Si topa con un hallazgo afortunado en una tienda de antigüedades, no será porque alguien le diga que ése era el lugar adonde ir. Encontrará su propio cuerno de oro dispuesto a que quiera alcanzarlo él mismo.

En la lucha por el éxito, encontrará que su temperamento altamente competitivo trabaja mejor cuando trata de superar anteriores éxitos, más que compitiendo con las fuerzas, personas o proyectos fuera de él. Eso sólamente esparce los focos y disipa energías.

Con esta posición particular de la parte de la fortuna, la apariencia personal se vuelve muy importante. Así, cuanto más pueda aprender una persona a agradar a los demás mediante una presencia armoniosa, una personalidad amable y placentera, y el propósito de no provocar olas en la vida de otras personas, más espacio le dejarán los demás.

Dado que la parte de conciencia impersonal (CI) cae en la Casa séptima, esta persona debe adquirir un acercamiento impersonal y espiritual hacia el matrimonio y todos aquellos asuntos en los que existen tratos con otras personas. Conocerá las más altas verdades en compañía de los demás. La gente actuará como agente para explorar su interior. Si esta persona es capaz de aplicar estas realizaciones o verdades a sí mismo, acabará adquiriendo una gran maestría sobre el ego limitado. La comprensión de una forma de «desinterés» permite experimentar una libertad de alto orden; una en la cual las necesidades personales y las de los demás pierden la distinción de aislamiento. El ego limitado se hace siervo del alto yo, que es el mismo para todos. Cuando esta maestría aumenta uno experimenta el gozo de la verdadera autosatisfacción.

En la Casa segunda

Aquí el individuo alcanzará su cuerno de oro descubriendo en primer lugar lo que para él tiene un verdadero valor. Debe construir firmes cimientos para que se sienta cada vez más seguro de donde está a medida que pasen los años. Inalterado por los vientos del cambio, busca construir sustancia para sí mismo y para los demás que acabará proporcionándole un significado más rico a su existencia.

El dinero y las cosas que puede comprar son de extrema importancia para él, pero sólo en el sentido de cómo sus posesiones reflejan sus verdaderos valores. Aprendiendo qué se usa y qué no, acabará por comprender que no hay ningún mal en la posesión de cosas útiles. El mal está en el apego a las cosas que ya no lo son.

Esta persona puede ser extremadamente afortunada con el dinero en tentativas que reflejen sus sinceros valores. Al mismo tiempo experimentará sólo el efecto opuesto cuando trate de alcanzar o poseer algo que no refleje sus más altos valores.

La parte impersonal de sí mismo, simbolizado por la parte de la conciencia impersonal (CI) que cae en la Casa octava, experimenta los valores de los demás. Tiende a absorber esos valores hasta el punto que debe aprender a discriminar entre los suyos propios y los de los demás.

La mayor debilidad de esta posición llega cuando uno se deja persuadir por la absorción (o reflejo) de los valores sexuales de los demás. La mayor felicidad vendrá de la consecución de una estabilidad interior inalterada por las desviaciones de socios, así como de la sociedad. La riqueza que buscaba constantemente acabará llegando en forma de un principio mediante el cual uno puede haber aprendido a orientar su propia vida. Cuanto más fuerte sea el principio, debe dejar que otras personas encuentren sus propias reglas. Dado que uno ha buscado el principio central de su propia existencia durante tanto tiempo, su mero hallazgo hace que uno quiera darlo a los demás. Habrán intentos de hacerlo, pero debe aprenderse que en los momentos en que un oyente no escucha, el orador a menudo se siente flaquear y pierde su propio marco de referencia. Lo que es correcto para uno debe serlo para todo el mundo, pero es vital recordar que cuando se intenta dar a quienes son incapaces de aceptar, existe una oportunidad de perder de vista el objetivo.

A través de la parte de conciencia impersonal de la Casa octava, esta persona debe aprender a ver los valores del mundo de forma imparcial. Uno no debe estar de acuerdo con todo lo que ve. Debe aceptar la validez de creencias y opiniones contrarias a la suya, entendiendo que si no lo son, de hecho, amenazan la seguridad encontrada en sus propias creencias. Debe dejar que el mundo siga su curso.

Cuando se consiga esta perspectiva, encontraremos que toda la hipocresía del mundo tiene poco efecto en la felicidad personal. La dualidad es relativa. Para nosotros es importante ver la llamada dualidad de modo que podamos resolverla. En ese punto, podemos llegar a comprender la diferencia entre lo que es y lo que no es personalmente significativo.

Es interesante señalar que mientras la parte de la fortuna en la Casa segunda implica la construcción de sustancia, la CI en la octava casa comporta la destrucción de los falsos aspectos de dicha sustancia, la cual puede ser ser física o mental. La CI en esta Casa mostrará valores que poco aportan a la construcción de la sustancia de la felicidad personal. Esta persona advertirá la reluctancia de los amigos y los conocidos para cambiar y, en consecuencia, experimentará muchos encontronazos con la gente. Le faltarán amistades a causa de las diferencias de sus valores fundamentales. A pesar de todo, en esta carencia, uno expresa una parte importante de la naturaleza divina. El poderoso ejemplo de esta persona es capaz de enseñar la importancia de seguir unos principios significativos. Cuando uno es capaz de volverse verdaderamente impersonal en realción con las experiencias de la Casa octava, esos encontronazos se minimizan. Ya no interferirán más en la construcción de la propia felicidad mediante la parte de la fortuna en la Casa segunda. Así, esta posición de la CI muestra qué bloques encajan en nuestra propia estructura y cuáles lo hacen en las de los demás. Ahí desarrolla la capacidad de ver lo que es personalmente significativo y necesario.

En la Casa tercera

Aquí la alegría de la comunicación a través de relaciones aportará la mayor satisfacción. Esta persona busca ser comprendida seriamente por los demás. El lenguaje y el uso de palabras son muy importantes para él, y trata de entender cómo piensan los demás y cómo ven las cosas, con el fin de desarrollar una mayor perspectiva en su propio pensamiento. Cuanto más claramente sea capaz de ver las relaciones entre la gente y su vida, mejor desarrollará su capacidad de pensar. Ésta es la que acabará proporcionándole la mayor fortuna. Existe una constante búsqueda para refinar las percepciones y una gran satisfacción al enseñar a los demás cómo hacer lo mismo. A esta persona le encanta compartir ideas —proporciona un sentimiento de crecimiento y seguridad. Aquí, la seguridad se basa en el pensamiento más que en objetos materiales.

La parte de la conciencia impersonal en la Casa novena crea una experiencia única en términos de la conciencia del individuo. Aquí existe una expresión impersonal de lo divino, ideas cósmicas a través de la mente superior. Sin embargo, una gran felicidad en la vida procede de las ideas del hombre cuando son expresadas a través de la mente inferior o concreta. Hasta que no se comprueba la relación y la diferencia entre la personalísima mente inferior y la impersonal mente superior, existe una experiencia de conflicto.

No cabe duda de que esta persona considera más deseable una conciencia superior. Sin embargo, hasta ahora es incapaz de vivir en ella. Es un maestro nato de las ideas e ideales que se hallan más allá de la comprensión ordinaria. Así, debe llegar a aprender la diferencia entre la presencia de ideales como guías para la humanidad y la realidad en la que deben vivirse. Esos ideales están siempre ahí, sin buscarlos. Si puede aceptar su sabiduría y aplicarla a su propia vida, todas sus relaciones (basadas en su facilidad de comunicación) mejorarán. Por tanto, sólo experimentará una gran felicidad estando con gente, y eso es así porque tiene algo importante que decir. Debe aprender a no juzgar, puesto que los ideales que siente mediante la CI en la Casa novena a menudo les resultan tan difíciles de realizar a los demás como a él. Así, mientras para él es importante exponer sus ideas al mundo, igualmente lo es para su propio sentido de la felicidad no imponer dichas ideas en aquellos que no están dispuestos a aceptarlas. Impaciente por naturaleza, tiene que aprender a esperar el momento oportuno que hace posible una auténtica enseñanza. Una idea expresada de una única manera, para que encienda la antorcha del conocimiento en otro, le proporciona la satisfacción de saber que es útil. Aprende a comprender que la sociedad necesita sus ideas, y cuanto mejor pueda expresar ideas divinas de un modo puramente impersonal, gozará de una mayor aceptación.

Al haber absorbido muchos pensamientos diferentes sobre religión, filosofía y actitudes ante la vida a través de la CI en la Casa novena, se siente más feliz cuando ve que las más altas verdades superan las barreras mentales que distancian a los hombres. Mucha gente con la parte de la fortuna en la Casa tercera tiende a estudiar diferentes temas religiosos, étnicos y espirituales. En consecuencia, sus relaciones personales están libres de una única perspectiva. Uno de los prerrequisitos de la comprensión es la imparcialidad, que deriva de una capacidad para ver todos los aspectos de una determinada situación. De este modo, gracias a su capacidad para aportar un conocimiento superior a todas las relaciones humanas, el individuo con la parte de la fortuna en la Casa tercera puede experimentar una gran felicidad a través de todas las personas que conozca.

En la Casa cuarta

Aquí el individuo alcanzará su mayor felicidad nutriéndose de los principios de la vida. Puede tratarse de vida humana, plantas, mascotas, el nacimiento de ideas o el principio de proyectos que necesitan un cuidado especial para desarrollarse. Existe aquí un gran sentimiento de satisfacción en dar. El sentido de plenitud que ofrece la parte de la fortuna proviene de sentir lo mucho que le necesitan a uno. Al hacer todas estas cosas, el individuo busca establecer sus raíces. Existe un ansia de construir una base emocional que sea lo suficientemente fuerte para soportar el crecimiento futuro.

A través de la parte de la conciencia impersonal en la Casa décima, la persona debe aprender que las cosas tardan tiempo en madurar. Existe una fuerte tendencia a querer recoger la cosecha antes de plantar las semillas. Por eso, la persona tiene que comprender que el hombre se fija unos objetivos de modo que su vida adquiera una dirección y una intención enriquecedoras. No debe permitir la proyección del fin de cada meta para llenarse con la ilusión de que ya se ha consumado algo. Así, los grandes sentimientos de realización que acompañarán el encuentro de cada objetivo, mientras se imagina con el propio objetivo, debe verse desde un punto de vista realista como no alcanzable hasta que se hayan plantado las semillas. Para la persona con la parte de la fortuna en la Casa cuarta, la mayor felicidad no consiste tanto en la realización final como en dar con firmeza los primeros pasos de cada empresa.

Para considerar la parte de la conciencia impersonal en la Casa décima desde una perspectiva correcta, esta persona debe reconocer y comprender la necesidad de un orden establecido en el mundo. Tiene que ser capaz de ver la estructura de la sociedad en que vive, pero sin permitir que sus dimensiones y su carácter cristalino intimiden sus sentimientos sobre las importantísimas y aparentemente insignificantes iniciativas que emprenda. Es a partir de ellos que eventualmente se desarrollará toda la estructura. Así, debe ver la estructura, la fuerza y el poder de la sociedad establecida como aquello que da al mundo su forma. No tiene que identificarse con esta forma ya que, si lo hace, perderá el sentido de sus propios propósitos.

Para esta persona, el cuerno de oro se encuentra, de

hecho, al principio del arco iris. El granjero no sabe cuáles de las semillas plantadas crecerán. Por eso las cuida todas por igual. Cuidar forma parte de su carácter. Con estas atenciones, las semillas florecerán y echarán raíces. Aquí es donde el individuo encuentra su mayor felicidad. Todo aquello que sea capaz de cuidar y nutrir personalmente le proporcionará un sentido de unidad con el origen de la creación.

Al expresar la parte de conciencia impersonal en la Casa décima, debe enfrentarse y tratar con todos los aspectos del mundo material —y conocerlos bien. Para él es importante aceptarlo, ya que esos factores ejercen una gran influencia en el resultado final de todo aquello que inicia, y en un sentido impersonal simboliza el cumplimiento de todos los comienzos del mundo. Es ahí donde ve la responsabilidad del hombre para con el hombre. Si es capaz de asumir dichas responsabilidades de forma impersonal, nunca perderá su sensación de seguridad.

Esta persona obtiene una gran satisfacción siendo natural, mientras no ofenda o sea ofendido por un mundo que parece de plástico. Aquí, uno debe ser tierno y flexible, mientras no moleste a aquello que es frágil e insensible. En fuerte armonía con la tierra y los métodos naturales, esta persona trata de enseñar a los demás sobre ecología y la preservación de los orígenes de las cosas. Cuanto más cerca esté de la raíz de la existencia, más feliz se sentirá. Una gran felicidad procederá, también, de un sentido de naturalidad. Aun con todo, debe aprender a aceptar todo lo artificial.

Para algunos, esta posición significa una gran satisfacción a través de uno de los padres o acercarse a su herencia o a sus antepasados. Para otros significa la seguridad, la protección y la satisfacción de estar en contacto con las raíces de su alma. En cualquier nivel en el que el individuo elija buscar su parte de la fortuna, experimentará su mayor felicidad cuando no permita que el ego del mundo, que experimenta a través de la CI en la Casa décima, interfiera en la verdadera esencia de sí mismo que siente, fluye, respira y crece como hijo de la naturaleza.

En la Casa quinta

Aquí el individuo siente su mayor felicidad cuando se compromete con un acto de creación. Tanto si se manifiesta como un talento particular o simplemente como un modo de jugar a vivir, es capaz de identificarse personalmente con todo lo que crea. Así, todo lo que hace no es sólo un producto de sí mismo, sino que a su vez se convierte en el producto de todo lo que hace. Posee una gran capacidad de convertir sus sueños en realidad. La realidad en que vive está hecha en gran parte por él mismo.

La parte de la conciencia impersonal en la Casa undécima considera la realidad ideal. Es a partir de dicho ideal que uno debe crear. De este modo, si los ideales son demasiado bajos, excesivamente dispersos por la influencia de los amigos cuyos ideales no son muy elevados, entonces la capacidad de crear disminuye. Si, por otro lado, el círculo de amistades aviva las esperanzas, sueños y deseos y los empuja ligeramente más allá de su alcance —pero todavía dentro del campo de la imaginación—, entonces se intensifica la parte de la fortuna creativa en la Casa quinta. A fin de que esta persona alcance su mayor felicidad, no sólo debe hacer una distinción con la gente que escoge como amigos —tienen el poder de ser la inspiración o la destrucción de la felicidad—, sino también ser selectivo en relación a los sueños que elige soñar. Existe un viejo refrán que dice: «Ten cuidado con lo que deseas, podrías conseguirlo». Estas palabras no pueden ser más ciertas para el individuo con la parte de la fortuna en la Casa quinta. Hasta que esta persona aprende a trabar todas esas amistades impersonalmente, y vea sus sueños como una mera colección de símbolos de la conciencia universal, experimenta una excesiva influencia de la Casa undécima en su proceso creativo. Eso puede dispersar su capacidad para hacerle creer más en el sueño que en el logro actual. Cuando esta persona busca una expresión total, debe aprender que el tiempo es una valiosa ventaja. Aunque pueda desear el lujo de los ensueños, debe darse cuenta de que diluyen su impulso creativo.

La parte de la conciencia impersonal en la Casa undécima puede usarse para recibir nuevas ideas, pero no debe identificarse con ellas a menos que encajen bien en una producción creativa. Es importante recordar que toda creación es un uno por ciento de inspiración y un noventa y nueve por ciento de sudor. Existe una gran diferencia entre saber que uno puede hacer algo y que lo haga en realidad.

Si la CI en la Casa undécima se usa debidamente, puede experimentarse una gran belleza, ya que es aquí donde uno ve los ambiciosos sueños del hombre. Mostrándose impersonal, uno se convierte en parte del proceso del sueño en la conciencia universal. También puede existir un idealismo en relaciones que no parecen estar basadas en la realidad, ni actuar como un gran manantial de creación. Los amigos admiran a esta persona y de esa admiración uno puede extraer una gran inspiración para crear mediante la parte de la fortuna en la Casa quinta.

Generalmente hay una gran sabiduría en la CI en la Casa undécima, pero ese don no es sólo para usarlo para charlar. Cuanto más habla uno sobre lo que intenta crear, menos voluntad y energía tiene a su disposición. Esta persona comprende la necesidad de que haya soñadores en el mundo. De hecho, los anima. Sabe que los soñadores son la fuente invisible de la creación. Existe también una comprensión del concepto de no-compromiso y de imparcialidad. Sin embargo, la mayor satisfacción y felicidad de esta persona deriva de involucrarse profunda e intensamente en todo lo que es capaz de crear.

Muchas de las personas con esta posición experimentarán su mayor felicidad a través de una brillante creación, ya sea en el campo de las artes, del teatro o a través de un hijo muy especial. En todo momento, este individuo sirve a la humanidad absorbiendo los sueños que la gente no sabe cómo utilizar, cribándolos y aplicando lo que ha aprendido a su propia creación. Se encontrará con que mucha gente no parece tener la voluntad de hacer aquello que imagina. Si trata de infundirles su propio deseo, creyendo que así se sentirán más comprometidos, creará una oposición consigo mismo.

Existe un gran espectro de experiencias en la conciencia universal. Para la persona creativa no existe mayor felicidad que la de una dinámica vida de acción, esencia y evolución. Mediante el proceso de imitación, uno se siente más cerca del Creador. Aun con todo, este individuo también puede comprender su alejamiento real de acontecimientos y circunstancias, reflejando de nuevo al Creador. Ésta es la felicidad especial que proporciona la parte de la fortuna en la Casa quinta.

En la Casa sexta

Esta posición proporciona mucha felicidad a través del trabajo. La persona se satisface a sí misma mediante un uso prudente de su tiempo y su energía. Ve como los demás duermen retrocediendo hacia su pasado reflexionando sobre situaciones ya resueltas, mientras él es capaz de estar por encima de la confusión de las emociones negativas gracias a un carácter tremendamente activo que siempre está sirviendo y consiguiendo. Sabe permanecer en el presente, atento a los detalles que mucha gente ignora u omite, pensando que de algún modo se irán. No permite que las cosas se acumulen hasta el punto de interferir en la experiencia de la felicidad. Siente una gran satisfacción mediante la sistematización de su vida y trata de organizarla de modo que funcione como una máquina bien engrasada. Cuanto más lo hace, más siente que está participando en la pista central de la existencia.

A través de la parte de la conciencia impersonal en la Casa duodécima, esta persona experimenta las necesidades íntimas del hombre. Existe una sensibilidad hacia las fuerzas de la creación, pero es importante aprender a trabajar con dichas fuerzas antes que permanecer como un observador estrictamente pasivo. También hay un sentimiento de obligación para con la sociedad, ya que mediante la Casa duodécima uno puede ser una persona profundamente compasiva. Sin embargo, debe hacer algo con esta compasión, o de otro modo se convierte en dolor.

Aquí, la actividad es la palabra clave para la felicidad. Conociendo el infinito, uno debe funcionar en el mundo finito en el que las técnicas pueden aplicarse mejor. De todas las posiciones zodiacales, la persona con la parte de la fortuna aquí sabe mejor cómo hacer las cosas. Mediante una gran comprensión del funcionamiento de las cosas, junto con una capacidad de ver todo el infinito a través de la Casa duodécima, existe un poderoso potencial para actuar correctamente.

Esta persona será más feliz cuando aquello que decide hacer le lleve de la satisfacción de una necesidad personal a otra. Para algunos, el concepto de servicio y trabajo significa una existencia mundana y aburrida. La persona con la parte de la fortuna en la Casa sexta, sin embargo, está en mejor armonía con el centro de su ser cuando sabe lo bien que está funcionando en términos de su potencial. Eso le proporciona una gran felicidad.

La parte de la fortuna en la Casa sexta tiene tendencia a hacer que una persona pase su juventud «empollando» en la Casa duodécima. Entonces se comprende que todo lo que se siente ahí no es realmente personal, sino una mera capacidad de experimentar y reflejar negatividad así como lo que es positivo, universal e infinito. En este caso, uno funciona mejor cuando no piensa en la gran realidad cósmica y más lejana de la que puede percibirse con los cinco sentidos. Es en estos momentos cuando esta persona está más en armonía con el universo. Si pasa el tiempo tratando de armonizar con las fuerzas cósmicas, terminará justo en el extremo opuesto. Por otro lado, si se consagra la vida a la superación de las virtudes naturales, entonces el universo empezará a cooperar y habrá un gran despliegue de felicidad.

En la Casa séptima

Aquí la mayor felicidad del individuo procede de los demás. Ésta es una de las posiciones más espirituales y únicas para la parte de la fortuna porque la parte de la conciencia impersonal cae en la Casa primera de la autoidentidad. El individuo vive una identidad impersonal que sólo se vuelve personal cuando se halla en presencia de los demás. Busca la unión constantemente, ya sea a través del matrimonio, la amistad o el compañerismo. Estas y otras formas de relación le acercan a experimentar la identidad personal del otro. Siempre ve en los demás más felicidad de la que es capaz de ver en sí mismo. En consecuencia, tiene una fuerte tendencia a hacer que los demás sean más conscientes de su propia felicidad.

En muchos aspectos es un sirviente, debido a que expresa a Dios a través de sí mismo. Así, vive verdaderamente una identidad impersonal, puesto que todo lo que desea es para el bien de los demás. Es capaz de sentir sus necesidades y de motivarles para que se satisfagan a sí mismos. Su crecimiento le proporciona felicidad.

Dado que su propia identidad no se halla en un nivel meramente personal, posee la capacidad de mirar al mundo con objetividad. Estudia acción y reacción, causa y efecto, y está profundamente interesado con el modo en que la gente se relaciona. Por lo tanto, un día sabrá cómo combinar esos factores que Dios ha querido que constituyan para los hombres la experiencia de una unión perfecta. Sacrificará gran parte de sí mismo para conseguir esa unión, y cuando lo consiga, sabrá que el amor que recibe es mucho más rico y profundo que el que experimenta la mayoría de la gente.

A nivel inconsciente cuida a los demás más de lo que ellos cuidan de sí mismos. Trata de llenar los vacíos de las vidas de otras personas, a menudo tratando de calmar y suavizar sus traumas y sus problemas. Sin embargo, le cuesta saber lo que realmente quiere para sí mismo, y a través de otras personas se le mostrará la carrera en la que eventualmente llevará el timón de su barco.

Durante su juventud, esta persona es influenciada con demasiada facilidad por fuerzas externas para saber hacia dónde se dirige en realidad. Tan pronto como sea capaz de encontrar, comprender y aceptar su yo impersonal, se formará una unión con los niveles interiores que se convertirán en el factor más importante y gratificante de su vida y que le aportarán la mayor felicidad.

Ya que la suerte y la buena fortuna siempre vienen a través de la gente que hay en la vida de esta persona, el individuo es uno de los pocos que es verdaderamente feliz cuando dedica todo lo que hace o piensa para complacer a la persona amada. Éste es el sincero deseo del alma y tiene preferencia sobre cualquier otro deseo que pueda indicar el balance de la carta.

La ausencia de una unión personal con otra persona origina disarmonía y un sentimiento de falta de motivación, dirección y significado en la vida. Al dar, obtiene su mayor felicidad; tratando de recibir, es más consciente de que es un ser incompleto. Ello deriva de la identificación con el yo personal.

En la Casa octava

Este individuo alcanzará su mayor felicidad mediante lo que le otorguen los demás. En este caso, el sistema de valores que parece estar más allá de sus límites personales acabará mostrándose como el mejor. A esta persona se le está enseñando siempre «otro vía». Cada vez que se rompe el fuego para intentar otra vía, existen descubrimientos nuevos y personales. Esta persona examina los valores de los demás, y desea saber qué es lo que tanto aprecian los demás. Cuanto más puede descubrir y aplicar esos valores externos a su propia vida, más se enriquece su experiencia. Sus propios valores, particularmente aquellos que parecen haber dejado de tener utilidad, pueden ser examinados de nuevo y darles una nueva vida y significado a la luz de esos estímulos externos. Esta persona aprende ahora la gran virtud de la flexibilidad.

Para que no estorbe su crecimiento, debe dejarse que la parte de la conciencia impersonal en la Casa segunda muestre que todos los valores que se creen personales no son propiedad de uno; al contrario, son una expresión impersonal del deseo natural de adquirir y poseer. La polaridad Casa segunda/Casa octava es un poderoso tira y afloja entre lo que uno debe coger y lo que debe soltar. Las posesiones más queridas de este individuo deberían ser valores reales y duraderos. Lo que ha dejado de ser útil y significativo debe ser liberado. Ésta no es una lección fácil de aprender.

A través de la parte de la fortuna en la Casa octava, las personas que haya en la vida de esta persona le mostrarán todo aquello que le abruma, así como los valores que trascienden las cualidades temporales y los deseos momentáneos. Todo lo que no tenga valor será destruido por aquellos que le aman, dejando espacio a la parte de la conciencia impersonal en la Segunda casa para expresar los verdaderos valores y posesiones que la naturaleza divina ha deseado para el hombre.

Quizá más que en cualquier otra posición zodiacal, el individuo debe sacrificar gran parte de su ego con el fin de que la parte de la fortuna en la Casa octava funcione a pleno rendimiento. Busca un patrimonio personal. Tanto si adquiere la forma de dinero, ideas, nuevos valores, enriquecimiento de la sexualidad o satisfacción consciente de la esencia de su ser, debe llegar a comprender que no es una isla para sí mismo.

Puesto que su gran fortuna personal siempre le llegará a través de otra persona, tiene que aprender a ser humilde y a saber que los valores que elija expresar pueden acabar siendo menos valiosos que los que le proporcionan los demás. Por esta razón, no debería ser posesivo con sus propios valores. Más bien debería abrirse a una corriente de sistemas de valores e ideas que pueden parecer ajenos a sus principios, pero que de hecho le proprocionan el gozo de regenerar su alma.

En la Casa novena

La parte de la fortuna en la Casa novena permite al individuo experimentar su mayor felicidad mediante el descubrimiento de la verdad. Esta persona busca una realidad cósmica por encima de la existencia mundana experimentada en relaciones rutinarias.

La parte de la conciencia impersonal en la Casa tercera muestra al mundo como si estuviera lleno de gente, hablando unos con otros, sin ser comprendidos por aquellos que aparentan escuchar. Aquí, el significado connotativo de las palabras se considera una barrera y una distorsión de la verdad. Uno debe aprender a verlo impersonalmente y de una forma poco comprometida a fin de comprender que *la idea de dualidad es la esencia de la experiencia humana*. Una vez comprendido esto, es posible una verdadera comunicación.

Esta persona a menudo se verá y oirá a sí mismo expresando pensamientos que sabe que no son totalmente ciertos. Uno debe aprender a aceptarlo como la expresión de parte de lo que es absorbido mediante la experiencia humana de aparente dualidad. Si uno desea que la parte de la fortuna en la Casa novena funcione bien, hay que entender que la verdad puede conocerse a partir de la conciencia de la falsedad. Cuanta más dualidad se experimente y exprese, mayor necesidad habrá de que una verdad superior convierta la dualidad en unidad.

La posición de la parte de la fortuna en la Casa novena crea una fuerte identificación con la divinidad o alguna representación personal de esa divinidad. Los individuos con esta posición también experimentarán una gran conciencia y una única verdad universal, así como una armonía con las fuerzas de la naturaleza. El mundo no lo permite a menudo, y esta persona suele verse forzada a comunicarse y relacionarse a niveles que caen por debajo de los experimentados en condiciones ideales. El reconocimiento y la aceptación de los niveles más mundanos de la conciencia, así como un alejamiento equilibrado, mantendrán la felicidad y satisfarán la necesidad de comunicarse a través de la

CI en la Casa tercera. Así, sin mirar a los demás por encima del hombro, esta persona no debería rebajar sus propios estándares en bien de alcanzar otro que parece ser menos consciente. En efecto, la otra persona es tan consciente como él, pero puede que no sea tan aficionado a las sutilidades del pensamiento no dual. En cualquier caso, siempre es mejor mantener los estándares más altos. Eso beneficia generalmente a todas las personas inquietas y aumenta el nivel de pensamiento y esencia.

La sabiduría pierde gran parte de su belleza intrínseca en un intento de transferirla de una mente superior a una mente inferior, concreta. La montaña permanece y el valle no puede ayudar, sino ver. Si la montaña tuviera que extenderse hasta el valle, ya no sería una montaña. Así, el individuo con la parte de la fortuna en la Casa novena, buscando las satisfacciones de la naturaleza y la experiencia de la realidad cósmica, debe aprender a vivir y a funcionar en un mundo cotidiano de ideas y pensamientos que parecen de menor importancia. No sólo tiene que tolerar dichas ideas, sino comprender lo necesarias que son, al igual que el valle. Éste constituye la tierra sobre la que se yergue la montaña. De este modo, la esencia de la relatividad entra en la conciencia, y se aclara la falsedad de la dualidad. La independencia, compensada por el entendimiento, es la llave de la felicidad para este individuo. Una gran felicidad le llegará desde su poderoso sentido de relación con el universo.

Existe un gran acúmulo de suerte intrínsecamente a esta posición, y la mayoría de ella procede de recursos que el individuo descubre por sí mismo. Aunque le resulte difícil entender por qué la gente anda por la vida de la forma más dura, nunca debe abandonarla, puesto que si se para a corregir las ideas y actitudes de los demás, puede hundirse fácilmente en el barro y privarse a sí mismo de la felicidad que le espera a lo largo de su trayectoria particular.

No hay duda de que tiene muchas cosas que enseñar a los demás y nunca dejará de intentarlo. No es hasta que se vuelve indiferente a cómo son recibidas sus enseñanzas que empieza a sentir en realidad la altura y el aliento de su conocimiento, su verdadera función y la auténtica valía de la gente. Es en este punto donde empieza a adquirir una visión del cuerno de oro al final de su arco iris.

En la Casa décima

Un individuo con esta posición alcanzará su mayor felicidad con el cumplimiento de los objetivos tradicionales y específicos que él mismo ha elegido y definido. Existe aquí un deseo de ser aceptado por la comunidad y aquellos que ostentan cargos de autoridad.

Los beneficios de la parte de la fortuna en la Casa décima nunca llegan con facilidad, sino que deben ganarse mediante un esfuerzo constante. Cuando la persona desarrolla una madurez real —no sólo añadiendo años a su vida—, el mundo se ve sin ilusiones y con una gran comprensión. Eso se le hace pequeño para la conciencia impersonal en la Casa cuarta que se compadece de las emociones y necesidades originadas por la humanidad, mientras que al mismo tiempo evita la trampa de identificarse con ella.

Existen aspectos negativos en la parte de la conciencia impersonal que deben ser entendidos y cambiados: emociones infantiles, modelos de reacción profundamente arraigados y repetitivos, y una acusada sensibilidad. Sin embargo, existen contrapartidas muy positivas en una aceptación sencilla, abierta y alegre, seguridad y la capacidad de encontrar necesidades específicas, y conciencia de los sentimientos de otras personas. Teniendo esto *in mente*, es posible operar en la Casa décima y evitar cosas tales como reacciones programadas para problemas y situaciones aparentemente similares. En su lugar, uno se vuelve más abierto a acciones intuitivas basadas en la perspicacia y la conciencia impersonal. El plano emocional se convierte en la llave hacia el mundo material. De este modo, pueden alimentarse y llevar a cabo proyectos e ideas a través de la Casa décima.

La posición de la parte de la fortuna en la Casa décima puede definir cargos de responsabilidad y autoridad para un individuo. Es interesante notar que la responsabilidad y la autoridad reflejan la capacidad de una persona para orientar y preocuparse por otras personas. Éste es un efecto positivo de la parte de la conciencia impersonal en la Casa cuarta y un ejemplo de cómo nuestros objetivos y necesidades están directamente relacionados con los de la gente que nos rodea.

En este caso, la parte de la fortuna puede hacer que muchos individuos traten de resolver el problema del «bien» y el «mal». Generalmente existe un fuerte sentimiento de moralidad basado tanto en la disciplina de la primera infancia como en la educación religiosa. Eso tiende a restringir considerablemente el radio de acción del individuo. No obstante, en un sentido positivo, hay una fuerte corrección de carácter que respeta los derechos de la gente y reconoce la responsabilidad y las obligaciones personales.

Cuando esta persona comprende que el bien y el mal no son absolutos, sino que cambian con el tiempo, el lugar y la época histórica, se añade una gran envergadura al área de su actividad —tanto en el mundo mental como físico. Mientras no se sacrifique la integridad personal y el sentido de la justicia verdadera, no es posible ver a esta persona como un fracasado.

Finalmente, debemos recordar que la definición de los objetivos propios dicta el bien y el mal de cualquier situación. Como ya hemos dicho, cualquier cosa que acerque a la persona a su objetivo está bien. Lo que queda por ver entonces es que el objetivo encaje en la verdadera esencia del individuo.

El sentimiento de esta persona del gozo de conocer que es un ser humano competente constituye una gran fuerza que crea un aura de confianza y autorrespeto. Se convierten en un faro para todos aquellos que aún están buscando y evolucionando; un ejemplo válido usado como guía.

En la Casa undécima

Muchos astrólogos han asociado la Casa undécima con la inspiración, quizá porque está regida por Urano, el planeta de la intuición repentina y casi cegadora. La parte de la fortuna situada aquí tendrá la correspondiente parte de la conciencia impersonal en la Casa quinta, regida por el Sol. Este eje, Sol-Urano, es creativo, inventivo, y de efectos e influencias de largo alcance. Así, la parte de la fortuna en la Casa undécima se asocia con visiones de la belleza y desarrollo de humanidad y creación. Verdaderamente, ésta es la única posición para que este individuo sea consciente de la evolución del hombre y sienta que «conoce con certeza» el objetivo esencial. Esta persona también es tremendamente independiente porque dicha conciencia le libera de los problemas cotidianos y de las luchas de la humanidad y le eleva hacia el «futuro siempre presente», es decir, el futuro que existe «ahora mismo»,* solamente si todos pudiéramos verlo. Sin embargo, no todo el mundo puede aceptar o comprender fácilmente esta perspectiva.

La parte de la conciencia impersonal en la Casa quinta proporciona una energía ilimitada que, si no es dirigida,

* Véase *El karma del presente - Astrología kármica IV* , de Martin Schulman, de próxima aparición en esta colección.

puede provocar un gran desasosiego. Existe un constante sentimiento de que uno debe «hacer algo», o crear. Sin embargo, eso no es más que una experiencia intensificada del poder creativo que ha sido dado al hombre como agente de la creación. Si uno no lo identifica como «mi necesidad» de crear, entonces puede encontrar una salida prácticamente en cualquier acción, proyecto o relación. La tendencia que hay que erradicar de aquí es la idea de que es *nuestra* energía. Es sólo energía. Canalizada impersonalmente, sirve para todo; acaparada o utilizada al estilo de un típico avaro, sólo encontrará impedimentos y limitaciones.

La CI en la Casa quinta proporciona la voluntad y la fuerza para animar y organizar las ideas de la gente, y ver la necesidad u objetivo común que sea de interés general. Así, la persona con la parte de la fortuna en la Casa undécima se convierte en una vía para las energías que deben aplicarse de una manera clara e imparcial. De este modo, los proyectos capitales o de envergadura pueden ser llevados a cabo en una atmósfera de confianza y ayuda mutua.

La Casa undécima atrae a la gente que piensa de modo similar. De este modo, esta posición pondrá en contacto al individuo con personas brillantes, inteligentes y de algún modo insólitas (según los estándares de la sociedad).

Esta persona encontrará buena fortuna a través de amigos que aportarán alegría a su vida y animarán la perspectiva y la imaginación con optimismo e ideas inspiradas. También tenderá a disfrutar soñando sobre el futuro de la humanidad, viéndose a sí mismo tanto como el catalizador como el producto de ese futuro.

El mundo necesita de visionarios y soñadores. Las grandes religiones se fundaron en visiones inspiradas de individuos peculiares. Los inventos más importantes proceden de un mismo tipo de visión. Toda la evolución de la humanidad se ha construido sobre esos tipos de visión y de sueño. Ésta es la clase de belleza que puede experimentar el individuo con una parte de la fortuna en la Casa undécima. No se siente encerrado por las restricciones de la sociedad. Puede explorar las posibilidades aún no concebidas por el mundo y comprender su impacto en la sociedad y su evolución. Puede cuestionar libremente las estructuras y tradiciones que han sido ciegamente aceptadas por una gente demasiado aferrada a su propia vida como para tener tiempo de mirar, ver y saber qué hay allí.

La excentricidad es un término sentencioso aplicado por individuos inflexibles a la gente que han encontrado un estilo diferente. La persona con una parte de la fortuna en la Casa undécima será considerada una heterodoxa, radical, excéntrica o quizá un poco «rara».

El «cuerno de oro» para esta posición de la parte de la fortuna es un sentido de maravilla y belleza, y el goce que de ellas se deriva. El conocimiento del verdadero lugar del hombre es ley de vida, así como la responsabilidad de manifestarlo. La persona con la parte de la fortuna en la Casa undécima, alegre y voluntariosa, se convierte en un canal para la verdad y la evolución de toda la humanidad y del planeta en que vive.

En la Casa duodécima

La parte de la fortuna en la Casa duodécima indica que una persona alcanzará su mayor gozo y felicidad mediante su armonización con su Yo interior. De este modo, podrá satisfacer el deseo de comprender las fuerzas invisibles que mueven el universo. Nuestro Yo interior es, de hecho, el mismo que el Yo Mismo que es el Todo de la Creación. De esta realidad única proceden todas las realidades individuales. La parte de la fortuna en la Casa duodécima proporciona al individuo la oportunidad de descubrir la unidad de esas realidades aparentemente separadas, y la veracidad de la existencia de una Única realidad.

La parte de conciencia impersonal en la Casa sexta proporciona la oportunidad de funcionar en el «mundo cotidiano», con sus limitaciones en apariencia finitas, así como, al mismo tiempo, darse cuenta de la unidad global de circunstancias y acontecimientos a través de la parte de la fortuna de la Casa duodécima. Existe una necesidad de ver más allá de estas llamadas limitaciones y evitar acabar identificándose con las acciones, papeles, acontecimientos y situaciones. Eso debería considerarse necesario en el plano del Yo impersonal.

La CI en la Casa sexta otorga a la persona la capacidad de ver las partes de cualquier situación, el modo en que operan conjuntamente y lo que consiguen cuando funcionan como un todo. La parte de la fortuna en la Casa duodécima proporciona la capacidad de ver todo eso a escala «cósmica» o universal. Es decir, uno ve el modo en que grupos de circunstancias y acontecimientos aparentemente independientes se relacionan entre sí.

Así, las actitudes negativas de compañeros de trabajo, por ejemplo, pueden superarse si se dan cuenta de que las condiciones negativas aumentan cuando uno busca experimentar egoístamente sólo condiciones positivas. En tanto todas las situaciones y experiencias sean neutrales e impersonales, lo positivo y lo negativo no existirán, salvo si los vemos como tales. Esta comprensión es la operación «correcta» del eje Casa sexta/Casa duodécima. Aquí, las dotes de observación de Mercurio y los poderes de amor compasivo e intuición de Neptuno se unen para trascender las experiencias cotidianas de la vida. Así, acontecimientos pasajeros, sentimientos e ideas son vistos tal y como son —momentáneos y pasajeros— y la experiencia de la propia vida se vuelve más amplia y profunda, libre de los patentes efectos de las influencias externas.

Sin embargo, los beneficios de la parte de la fortuna situada aquí no siempre son tan obvios. En efecto, a menos que el individuo se deje llevar realmente por los acontecimientos y emociones, y los deje ir sin identificarse con ellos, la sutil comprensión de la vida y la verdad se perderá completamente. La mayoría de nosotros no comprende verdaderamente las ideas de servicio y compasión, tal como la reflejan las Casas sexta y duodécima. Por lo general, sólo las vemos en la experiencia limitada de nuestro servicio o nuestro sentimiento de compasión. No obstante, existe un aspecto impersonal de esos dos grandes principios que subyace bajo todo el mundo creado. En efecto, el Creador nos sirve en todo momento y siente un infinito amor compasivo por nosotros. Pocos de nosotros hemos experimentado esto alguna vez; menos aún creen que es así.

A través de la parte de la fortuna en la Casa duodécima y la parte de la conciencia impersonal en la Casa sexta la voluntad y la visión de la parte de la fortuna en la Casa undécima y la CI en la Casa quinta se aportan al mundo eficazmente y con un gran amor impersonal. Aquí encontramos la culminación de todas las anteriores posiciones de la parte de la fortuna y la CI en las casas. El ciclo y el objetivo se ponen de manifiesto y se completan. El escenario está preparado para un próximo ciclo y un objetivo más elevado.

Este individuo tiene la gran suerte de poseer las «llaves del reino», si quiere usarlas. Silenciosos períodos de meditación y soledad hacen mucho para reponer fuerzas y ayudar a recordar las grandes verdades de la vida y la naturaleza. Sería útil si se convirtieran en parte habitual de la propia vida.

Ésta es una posición muy especial para la parte de la fortuna dado que en ella mantiene la promesa de acercar el individuo a Dios. La comprensión de las experiencias de la vida en el mundo exterior acabará conduciendo a la comprensión de la divina belleza interior de toda vida. Cuando uno empieza a sentir la esencia de todo, se une con la fuente de la fuerza interior. Entonces, uno fluye en la corriente de la iluminación, bañándose en esa luz interior asequible para todos.

A fin de que la parte de la fortuna funcione sin trabas, el individuo no debe bloquear su esencia infinita pensando en sí mismo o en su vida como si tuviera limitaciones finitas. A la Casa duodécima se la ha llamado la casa del escapismo. Eso no es necesariamente así. Es una huida de la prisión interior en la que vive el hombre si experimenta la realidad limitada que no va más allá de lo que ve, toca o siente como una emoción personal. Esa prisión se hace mayor si uno satisface los sentidos finitos con gente, eventos y situaciones que lo atan a más gente y circunstancias hasta que su vida parece una interminable cadena de obligaciones. La Casa duodécima trasciende todo eso brindando al individuo la oportuniad de saber que en su alma es libre, que todo es realmente uno, y que existe una verdad más grande para que podamos experimentarla. ¿Qué alegría más grande puede existir que alcanzar una conciencia tal? ¡Qué mayor satisfacción puede experimentar el hombre que la de saber que todas sus auténticas necesidades serán siempre atendidas porque es uno con el gran proveedor!

4. LA PARTE DE LA FORTUNA EN LOS SIGNOS

La diferencia entre los signos y las casas en el horóscopo es tan sutil que al principiante le resulta difícil distinguir entre ambas. Y para ser honestos, muchos astrólogos los confunden a menudo en su afán de hacer rápidas valoraciones de una carta natal, volviéndose tímidos, como si nunca hubieran conocido al sujeto con el que están tratando. Puede resultar muy divertido.

Las Casas representan las diferentes experiencias vitales a las que tenemos que enfrentarnos: el desarrollo de la propia identidad, formación de valores, lazos familiares, matrimonio, sexualidad, principios y filosofías morales y religiosos, etcétera. Cada sector de la vida expresa un modelo particular y cada cual experimenta todos esos sectores de una única manera. En este caso podemos distinguir entre las Casas y los signos. Son los signos quienes dan la característica de la energía que se expresará. Para decirlo más correctamente, representan energías potenciales.

Para comprender con más detalle las diferencias entre signos y Casas, considere cada signo como un automóvil con motor. Tiene potencia y es capaz de llevar a una persona allá donde quiera ir. Al mismo tiempo, considere una Casa como un mapa de carreteras que muestra la ruta a seguir. De este modo, el signo representa un potencial para hacer, mientras que la Casa muestra aquello que se realizará con ese potencial.

Para entender los signos correctamente, deberían considerarse en su forma más pura —como energía. Mientras sea posible decir algunas de las cosas que una persona hará gracias a la energía, eso será en realidad poner limitaciones a la libertad que uno posee en el horóscopo. De este modo, podemos ver los mismos signos en diferentes horóscopos usados de maneras muy distintas. Corresponde al individuo descubrir y usar el potencial con el que ha nacido. Como astrólogos no podemos decir con absoluta certeza cómo crecerá y se desarrollará cada persona.

Dado que aparece en todos los signos, la parte de la fortuna indica cómo un individuo puede alcanzar la felicidad y la satisfacción dejando que las energías se manifiesten claramente. Estas fuerzas son reprimidas o sublimadas demasiado a menudo como resultado de un bloqueo del natural y libre flujo de energía. Así, cuando uno se enfrenta a cada experiencia de la vida, tiene menos energía con la que manejar la situación. El mayor potencial no se usa o dirige significativamente. Es como si uno tuviera un coche con un motor grande y potente, pero siempre aparcado en el garaje. Si una persona quiere dejar que las energías de su horóscopo se manifiesten, sin miedo a herir a los demás, disgustar a aquellos de quienes depende, o sentir de algún modo se mostrará distinto, entonces experimentará la riqueza de una plena satisfacción en todas las situaciones en las que se encuentre.

La posición de la parte de la fortuna muestra el área en la que el individuo experimenta el mejor flujo de energía. Aprender a comprender y cooperar con este tipo de energía satisface necesidades y deseos, no necesariamente mediante los esfuerzos de uno mismo, sino más bien mediante la capacidad de deslizarse con las características particulares de energía que acaban siendo las mejores.

La parte de la conciencia impersonal representa la energía que aparentemente se opone al mejor flujo del individuo. Sin embargo, éste no es el caso tal y como lo hemos mostrado anteriormente. De hecho, esta energía, si se le permite manifestarse impersonalmente, acabará ayudando y apoyando la energía de la parte de la fortuna. A las fuerzas universales, representadas por la CI, se les permite actuar por el «bien» de todos. El «bien» particular como lo representa la parte de la fortuna, es un aspecto del bien universal. Resulta obvio que el mayor bien contiene y sirve el bien menor.

En Aries

Con esta posición, el individuo experimenta necesidad y energía de actividad. Si se deja llevar por ello, encontrará que hay pocos obstáculos en su camino que no pueda superar. Una valentía innata le empuja progresivamente de modo que sea capaz de trascender toda duda sobre sí mismo. Sus mayores éxitos llegan al darse cuenta de que su energía es lo suficientemente fuerte como para garantizarle independencia. No tiene que protegerse de los demás temiendo que pueda necesitarles en un futuro. El hecho de que la gente suela malinterpretar la energía de Aries fuerza a uno que esté operando bajo su poderoso empuje a rechazar las opiniones de los demás y mantenerse en su propio camino.

Sin embargo, a través de la parte de la conciencia impersonal en Libra, esta persona es capaz de comprender la naturaleza receptiva y pasiva de la gente y puede ser enérgico con aquellos que no pueden tomar decisiones y actuar. Considera que la falta de tacto de los demás es a veces una forma de falta de sinceridad basada en el miedo a rebasar sus propios límites. El aspecto más poderoso y útil de la IC en Libra es el sentido de la armonía y orden mental que permite a la parte de la fortuna en Aries ver una dirección muy claramente. Estas características son un ejemplo de Venus (Libra) actuando como un canal para Marte (Aries). Demasiado a menudo se consigue con dificultad este orden a causa de su entusiasta acercamiento a la vida. Ser capaz de «establecer un balance» significa conocer las cualidades de uno mismo y usarlas eficientemente. La CI en Libra puede enseñar cómo hacerlo.

El «cuerno de oro» al final de este arco iris será lo que el individuo consiga mediante su propio esfuerzo, sea en forma de ideas o de objetos materiales. No debe tener miedo porque muchos libros y enseñanzas espirituales hablen en contra del concepto de deseo. Hablan de apego al deseo y de la lasciva gratificación de los sentidos. Es una criatura de deseo, incluso por la verdad, y sin ese deseo no sería capaz de establecer sus objetivos. Un individuo sin objetivos pierde fácilmente de vista su dirección en la vida, tendiendo a flotar y a ser influenciado por las fuerzas de aquellos cuyas vidas le afectan. Eso es lo que puede pasar con el funcionamiento «negativo» de la parte de la conciencia impersonal en Libra si el individuo restringe la poderosa energía ariana.

Esta persona busca una unidad de mente y voluntad que puede orientar hacia una simple meta. Cuanto más fluye en dirección a ese objetivo, más fácil se vuelve la vida. La persona nunca debe dudar de que la energía que le guía le pondrá en contacto con la fuerza motivadora. Ése es el objetivo final y el encontrarlo proporciona la mayor felicidad.

En Tauro

La persona con esta posición busca todo aquello que es sólido y duradero, y no se preocupa de placeres efímeros y superficiales. Desea conocer el significado y la utilidad de todas las cosas a fin de poder construir un firme futuro. Su felicidad se basa en la capacidad de mantener y desarrollar la sustancia de la vida. Éste es un ejemplo de las energías positivas de la CI en Escorpio canalizadas a través de la materia, y el modo en que se expresa mediante la parte de la fortuna. Si esas fuerzas de Escorpio se consideran negativamente, uno sólo ve la destrucción, el desorden y la decadencia del mundo.

La persona con la parte de la fortuna en Tauro sabe cómo los individuos pueden frustrarse debido a una falta de paciencia derivada del hecho de que las cosas no se materialicen instantáneamente. Es un observador de las situaciones inestables e impredecibles a las que uno se enfrenta a lo largo de su vida. Identificarse con ellas es perder el sentido de la estabilidad de uno mismo. La energía de Tauro representa la coherencia y el sustento, mientras que la expresión negativa de Escorpio puede representar un colapso en lugar de una transmutación.

Esta persona debería comprender que existe una necesidad para desmoronar cosas; esa destrucción y culminación constituye gran parte del proceso creativo. Su parte en el proceso, si tiene que ser feliz, es seguir forjando muchos cimientos poderosos y significativos. La destrucción debería ser vista como una transformación.

A esta persona le gusta relajarse, pero no es feliz al hacerlo. Preferiría trabajar en la dirección del progreso, aunque pueda ser lento, el tiempo necesario hasta que sea lo suficientemente constante para asegurar ese último día en que realmente pueda descansar en la seguridad que ha construido. En este caso, relajación, deliberación y progreso lento son ejemplos de la CI en Escorpio —regeneración y crecimiento.

Una de las mayores satisfacciones de la parte de la fortuna en Tauro es la consecución de amor personal, y su manifestación, en el plano físico. Sin embargo, existe una gran diferencia entre la sexualidad de Tauro y la de Escorpio. Con la parte de la fortuna en Tauro, uno ve la necesidad de no separar sexualidad y amor. Esta separación artificial originaría la experiencia de los niveles inferiores de Escorpio, perjudicial para el verdadero objetivo de los taurianos. La sexualidad de Tauro siempre aspira a construir una unión significativa basada en el afecto, la sinceridad y el compromiso. A través de la parte de la conciencia impersonal en Escorpio, el individuo puede convertirse en un observador de lo que siente y considera como un mal uso de la sexualidad. Escorpio busca dejar que las relaciones y el amor sean el manantial del que emanan las cálidas aguas y las emociones puras que serenan y nutren la vida interior del hombre, permitiendo su transformación. Ésta es una de las funciones de Marte y Plutón operando a través de su regencia de un signo de agua.

El individuo con la parte de la fortuna en Tauro es feliz cuando sabe adónde va. Las condiciones externas y la gente que tiende a ser un estorbo para él deben ser consierados impersonalmente. Uno de sus puntos débiles es la tendencia a sentirse como si fuera un blanco, y entonces reacciona negativamente. Una clara visión de este sentimiento, ayudado por el poder de penetración en las emociones originado por la CI en Escorpio, le mostrarán que no es un blanco. Si así es, lo único que ocurre es que él está ahí, eso es todo. Aunque una de sus mayores fuerzas es la capacidad de aferrarse a las cosas y retenerlas, la identificación negativa con la CI en Escorpio puede disipar sus energías guardando rencor a lo que sucedió en el pasado.

A fin de que la energía de Tauro funcione mejor, el individuo debe aprender a no bloquear la energía de Escorpio que tiende a deshacer y transformar cosas. Tiene que aprender a conservar mientras no pierda de vista lo que trata de construir. Esta persona es extraordinariamente lenta a la hora de efectuar cambios en su modo de vida. Sin embargo, su capacidad de establecer y mantener modelos duraderos y significativos le aportará la mayor felicidad. Siente placer sabiendo que está construyendo en sí mismo una seriedad en la que él y los demás pueden confiar.

La energía tauriana es la de una existencia pacífica en armonía con las fuerzas de la naturaleza. Éste es uno de los pocos signos del zodíaco a través del cual uno puede experimentar satisfacción. Tauro es un signo muy «generoso». Cuanto más trata este individuo de tranquilizar y serenar a las personas descontentas que hay en su vida, más se desestabiliza su propia paz si existe una identificación negativa con la CI en Escorpio. Uno puede cooperar mejor con la energía de Tauro aprendiendo a vivir y dejar vivir mediante la apreciación de toda la plenitud que existe en la vida. Mientras ocupe un lugar concreto en ella, la intensidad de Escorpio no tiene que manifestarse negativamente. La resuelta manifestación de esta intensidad puede encontrarse cuando uno recuerda que esta fuerza primaria es útil cuando se orienta hacia el estudio, la investigación, la búsqueda interior y el crecimiento a través de generación en generación.

El cuerno de oro al final de este arco iris puede ser parecido a llegar a la tierra prometida. Tras muchas experiencias, uno aprende a rendirse en batallas negativas y aceptar la bella, pacífica y amorosa existencia que siempre ha anhelado. Aquí se gana más por rendición que por resistencia.

En Géminis

La parte de la fortuna situada en Géminis proporciona una gran felicidad a través de la comunicación y el aprendizaje, y la conexión con la gente que éstos implican. Este individuo busca y recoge nuevos conocimientos de las personas a quienes conoce. En su vida, la gente es más importante por las ideas que comunica que por ser quien es. También existe aquí un intento de mantener las cosas en un nivel claro para que no caigan en garras de las emociones. Muchas personas entran y salen de su vida, y él recibe estímulo e información de todas ellas. De este modo, se convierte en una verdadera enciclopedia andante de datos y conocimientos obtenidos de la experiencia de los demás. Cuanto más reúna, más se dará cuenta de las muchas facetas de la vida que a menudo se contradicen unas a otras.

Esta persona trata de no comprometerse, no porque tema a un compromiso, sino porque preferiría no tener que juzgar qué idea o pensamiento es mejor o más correcto. Así, trata de estar con un pie en cada lado. Si hubiese un individuo que quisiera obtener ese pastel y comérselo al mismo tiempo, sería una persona con la parte de la fortuna en Géminis. Pretende recoger los beneficios de dos campos, sin establecer en realidad ninguna alianza con ninguno de los dos. A veces tiene éxito. Eso le permite una libertad de movimiento que añade envergadura y color a su vida. Es capaz de actuar y reaccionar rápidamente a cada cambio de dirección del «viento» en ella. Se experimenta una gran felicidad y un genuino placer cuando el individuo se deleita en la multiplicidad de ideas, teorías y observaciones impersonales. Eso se ve aumentado por la CI en Sagitario, que trata de encontrar el rasgo común o el principio básico que los enlaza a todos juntos.

A través de la parte de la conciencia impersonal en Sagitario, ve la verdad en todo su esplendor. La visión de esta verdad deja que se relacione libremente con todas las personas y situaciones, con la alegría y el entusiasmo de la CI regida por Júpiter. La camaleónica energía mercuriana le permite cambiar en un momento, cuando la situación exige nuevas demandas. Sabe que existe una necesidad para la expansión de la conciencia, pero si lo sobreenfatiza, perderá el íntimo contacto con la vida y la gente que necesita. Es más feliz cuando se compromete íntimamente con todo lo que pasa a su alrededor, sin juzgar personalmente la dualidad de las situaciones.

El uso negativo de la parte de la conciencia impersonal en Sagitario puede hacer que se convierta en crítico. Uno debe aprender a no identificarse con las actitudes autoritarias que conducen a ello. Cuanto más juzgue, más pronto perderá la compañía que tan intensamente ha buscado. El eje Mercurio/Júpiter relaciona el poder de observación y la sabiduría. En este caso, la expresión positiva de la CI permitirá recordar que ser humano implica ciertas limitaciones temporales. El punto de vista debe ser lo bastante amplio como para facilitar una gran expansión a nivel mental, y al mismo tiempo permitir la comprensión de la actual condición humana.

La mayor felicidad en la parte de la fortuna en Géminis deriva de una capacidad de enfrentarse a la realidad inmediata. Si el individuo se deja llevar por la lejana llamada de la CI en Sagitario, existe una fuerte posibilidad de perder la capacidad de funcionar en el aquí y el ahora. El clarísimo sentido de presencia, y la idea del presente, inherente a la parte de la fortuna en Géminis, es la fuente que proporciona más felicidad a este individuo. Su personalísimo cuerno de oro vendrá de saber cómo vivir con lo que es temporal.*

En Cáncer

La persona con esta posición alcanza su mayor felicidad permitiendo el libre flujo de energía de alimentación.

* Se discutirá más acerca de la esencia de «presencia en el presente» y temas relacionados en un próximo libro del señor Schulman titulado *El karma del presente: Astrología kármica IV*, publicado por esta misma editorial.

Este individuo busca alimentarse a sí mismo y a los demás con todo lo necesario para un crecimiento futuro. Aquí, uno experimenta el amor de la Madre Divina, que lo alimenta todo desinteresadamente.

El individuo obtiene la mayor felicidad cuando expresa el pronfundo sentimiento de la devoción. Busca a las personas y circunstancias a través de las cuales pueda experimentar afecto e intimidad. Ésta es una energía de sentimiento. Existe mucha felicidad que se deriva de estar cerca de la naturaleza, ya que es mediante ella que uno puede sentir la verdadera esencia de unidad y cooperación con el universo.

Existe un deseo de sencillez infantil en todas las acciones. Mientras se vean las energías que hacen madurar las cosas a través de la parte de la conciencia impersonal en Capricornio, es mejor permanecer en armonía con la tierna y amable energía canceriana que está más armonizada con los principios de las cosas. La influencia de Capricornio se manifiesta mejor a través de la perspicacia del canal más correcto y útil para la energía.

Una gran felicidad se derivará de la experiencia del proceso del nacimiento. Ya sea el nacimiento de un niño, una idea o cualquier cosa que no existía antes de que desempeñara un papel personal en su desarrollo, siempre es su asociación más íntima con los principios que aportan esa gran sensación de felicidad y satisfacción.

Mediante la parte de la conciencia impersonal en Capricornio uno ve y comprende la energía de la ambición. También siente cómo el hombre trata de realizar lo que sólo está parcialmente formado. La energía de Capricornio es firme y cristalina, mientras que la canceriana es flexible y suave. En ambos signos existe una fuerte energía hacia la actividad. La energía de Capricornio está motivada por ver lo atractivo de un resultado. Así, en la CI, los fines suelen dar la impresión de justificar los medios. Por otro lado, la energía de Cáncer se basa en hacer por hacer. Es más una energía de medios que de fines. Mientras que Capricornio busca realizar lo que sobrevivirá al individuo, Cáncer pretende crear aquello que hace que la persona sienta que forma parte de la propia creación.

La jovialidad y vitalidad de Cáncer es equilibrada por Capricornio en su búsqueda de la sabiduría y la madurez. De este modo, el individuo debe dedicarse por completo a la parte de la conciencia impersonal si quiere conseguir la plena felicidad de todas las semillas que está plantando mediante su parte de la fortuna en Cáncer. Debe dejar que la CI estructure y dirija su energía, pero conservando la juventud y la naturaleza sencilla de un niño.

El cuerno de oro al final de este arco iris es la felicidad obtenida por ser parte privilegiada en el proceso de nacimiento que tiene lugar en cualquier aspecto de la naturaleza y la mente. La felicidad también deriva de la alimentación de todas las cosas que necesitan ternura para poder desarrollarse y florecer. Cuando uno contempla el crecimiento de lo que ha brotado del interior, existe una gran satisfacción sabiendo que uno es parte real de los cimientos de la vida.

En Leo

Existe aquí una gran ansia de actuar como «centro» y estar al mando. Mediante su propia maestría, el individuo pretende ser la fuente de inspiración y guía para los demás. Un líder debe dirigir, y no debe eludir los problemas y responsabilidades que sólo él tiene la voluntad y el poder de resolver. Una gran felicidad proviene de la realización de logros a gran escala que, de algún modo, permanecen como brillantes ejemplos y símbolos de lo que el hombre es capaz cuando utiliza su potencial. Esta persona no sólo busca su propia superación, sino también la de toda la sociedad.

A través de la parte de la conciencia impersonal en Acuario uno aprende a no obligar a los demás a conformarse con sus propios métodos. En vez de ello debería tratar de entender que cada cual encuentra su propio camino. No disipando las energías en muchas áreas, uno es capaz de conservar y dirigir el poder creativo. Ello terminará aportando satisfacción y felicidad. Dado que todos los logros proceden de un esfuerzo personal, uno conocerá la felicidad de ser el rey indiscutible de su propio castillo. Sobre todo, el reino será honorable, ya que cualquier cosa que se consiga por métodos deshonestos no tiene la menor importancia para el individuo con la parte de la fortuna en Leo.

El consejo que esta persona ofrece a los demás a través de la parte de la conciencia impersonal en Acuario debería darse más como un regalo que como una orden. Su poder para crear se vuelve realmente importante cuando uno aprende a dejar que el resto del mundo acepte o rechace su consejo, contentándose con el hecho de que se le ha dado la oportunidad de ayudar.

Tanto Leo como Acuario son energías dadoras. La acuariana es un dar impersonal a toda la humanidad, sin esperar nada a cambio, salvo la evolución de la raza. Por otro lado, la generosidad de Leo se dirige más resueltamente hacia aquellos individuos que forman el inmediato espacio vital de uno. De este modo, la parte de la fortuna en Leo se centra en el concepto del amor personal. Es necesaria una cierta retroalimentación para que esta persona sienta que su generosidad, ambiciones y objetivos avanzan por el camino correcto.

Aunque la energía de Leo es muy poderosa, tiende a ser bastante rígida. Siguiendo tradiciones o principios específicos, el individuo lucha por mantener su vida dentro de unos confines que le aporten honor, prestigio, dignidad y respeto. Debe evitar las distracciones momentáneas que puedan surgir de la energía acuariana si quiere conseguir su propósito. Y satisfacer lo que pueda, ya que se exige mucho a sí mismo. Una intencionada orientación de energía le proporcionará grandes logros. La admiración que recibirá a la larga por ellos es el cuerno de oro al final de este arco iris.

En Virgo

En este caso, el individuo logra una gran felicidad creando en su entorno un sentido de «pureza organizada». Busca limpieza, no sólo en su higiene personal, sino también allí donde vive y trabaja. También experimenta un tipo de limpieza en la forma en que se organizan los pensamientos. Tremendamente sensible al ambiente externo, esta persona es muy consciente de lo mucho que le afectan las respuestas personales a emociones aparentemente negativas.

A través de la parte de la conciencia impersonal en Piscis entiende completamente la esencia de la compasión, pero si la parte de la fortuna trabaja bien, debe evitar identificarse con fuerzas que no puede ver. Consciente de las fuerzas invisibles, inconscientes y finitas más allá del control personal, debe, sin embargo, dirigir su vida hacia una existencia altamente consciente, dedicada al «aquí y ahora».

Esta persona procura estar constante y conscientemente ocupado, dejando poco espacio para que las emociones negativas de los demás invadan su conciencia. Así, lo que parece ser una preocupación por una realidad mundana, en realidad está aportando a esta persona una suprema sensación de felicidad mediante una organizada percepción de la vida.

La limpieza de mente y cuerpo es importante porque facilitan la experiencia de una clara simplicidad de pensamiento, no desordenado por factores externos innecesarios. Aprendiendo a autodisciplinarse, será capaz de acabar surgiendo por encima de emociones negativas a través del uso positivo de la CI en Piscis que le conduce hacia una paz interior. Su objetivo primordial es funcionar bien y a fondo. Independientemente de cómo sienta acerca de los demás, sabe que los sentimientos son transitorios y siempre cambiantes. Existe la conciencia de una deuda muy personal para seguir avanzando en dirección a una abertura perfeccionada.

La energía negativa pisciana tiene tendencia a meditar en el pasado. La propia energía de Virgo se centra a través de una poderosa preocupación por los detalles del presente. La felicidad prometida por la parte de la fortuna en Virgo procede de enfrentarse con el presente de una forma tan eficiente que los detalles nunca se acumulan para convertirse en una pesada carga del pasado al futuro. Así, la CI en Piscis dirige energía a través de una comprensión de la totalidad y su significado y efecto en el presente.

Existe una gran felicidad en la expresión de la pura lógica, que Benjamin Franklin, un Capricornio, llamaba «sentido no común». La influencia de Virgo es capaz de reunir los detalles de la vida de manera tal que formen una secuencia de acontecimientos que lleven a un objetivo más lógico. Esto vuelve a ser un ejemplo de la parte de la conciencia impersonal en Piscis que brinda una completa panorámica del presente y de la dirección del flujo de energía. En realidad, el individuo puede volverse tan eficiente que puede sentirse un poco como un robot. En consecuencia, busca emoción para comprender, lógicamente, si aún es capaz de sentir. Para hacerlo se tralada al signo opuesto y empieza a expresar la CI en Piscis. Debe tener cuidado en no identificarse nunca con el aspecto negativo de este lado de sí mismo. Aquí, uno puede perder de vista la esencia práctica en un mar de ilusiones, ensueños sutiles e interminables fantasías. Ello hace que uno vaya a la deriva de su conciencia del presente que le brinda la mayor felicidad. En vez de eso, debe buscar la pureza y universalidad de la CI en Piscis que aportará profundidad a su vida y a la experiencia del presente.

Piscis y Virgo representan energías de servicio: Piscis, el del servicio compasivo a los demás; Virgo representa el servicio al Yo. Cuando este individuo funciona a pleno rendimiento, los demás necesitarán mucho sus capacidades y él querrá ayudar. Aquí, hay que tener cuidado de no dejar el centro de su propio ser, ya que si uno se identifica negativamente con los problemas de otra persona, empieza a perder la capacidad de funcionar. Es ésta la que le capacita para elevarse por encima de los factores que fácilmente llevarían a los demás a un estado de depresión emocional.

Para este individuo, el cuerno de oro es cualquier cosa que tenga entre manos y con la que esté tratando en el momento presente. La energía de Piscis siempre se relaciona con lo infinito. Es una armonía con un universo invisible que sólo puede percibirse mediante los sentidos superiores. La energía de Virgo se orienta hacia lo tangible. Vive en el mundo de las cosas. Mediante una organización conveniente, cuidado y limpieza de estas cosas, la parte de la fortuna en Virgo encuentra su papel. Ello facilita la expresión impersonal de la CI en Piscis: la infusión de amor a la vida; la experiencia de un momento eterno.

En Libra

El individuo consigue aquí su mayor felicidad mediante la cooperación con una energía que podemos llamar «no-autoafirmación». Es más cómodo llevarse bien con los demás que expresar deseos personales que podrían perturbar la armonía que se busca en las amistades que uno mantiene. Existe una tentativa de mezclarse con los deseos de los demás. Eso origina un continuo cambio del punto de vista en un intento de ganar aceptación.

Esta persona sabe que ofender a los demás imponiéndoles enérgicamente sus propios deseos, pone en peligro amistades y relaciones. Así, en lugar de afirmar su propia voluntad, trata de cooperar con cualquier situación y circunstancia de la vida sin tener que buscarla. Raramente toma decisiones importantes por sí mismo como parte de la gran totalidad que consiste en fuerzas más allá de su control. Siente que imponer su voluntad sin considerar esas influencias hace que uno no esté en armonía con el flujo que guía la vida.

A través de la CI en Aries, existe una familiaridad con la energía del «pionero». Uno siente una poderosa capacidad de proyectar el deseo personal hacia el futuro, haciéndolo producto de su propio deseo. Si quiere ser feliz, no debe identificarse con este conocimiento. La energía de Aries está tan tremendamente cargada que usar su egoísmo provocaría una falta de perspectiva y equilibrio. Es sumamente importante considerar los efectos de las acciones antes de emprenderlas. Por eso, el Libra necesita conocer las dos caras de las cosas. Ello conduce a una vida basada en lo que también desean los demás, más que en la plena expresión de la voluntad personal. Sin embargo, es la misma evitación del «instinto natural» la que aportará a este individuo la mayor felicidad. El vínculo de las relaciones personales, basado en el mutuo comedimiento, satisface a todas las personas involucradas.

La persona con la parte de la fortuna en Libra se siente como si tuviese que ser parte de algo, a lo que pertenece. Busca acabar con ese sentimiento de lo incompleto encontrando a personas y circunstancias que representen ideas y experiencias que definirán su espacio vital. En un intento de convertirse en un «ego-menor» e inofensivo, desarrolla un carácter amable y diplomático que sabe cómo agradar y complacer. Cuanto más sea capaz de hacer esto, más capaz será de experimentar una satisfacción interior que, en parte, procede del conocimiento que nunca es personalmente responsable de la creación de circunstancias inquietantes.

Shakespeare formuló la cuestión más profunda de la vida como: «Ser o no ser...». Eso bien podría ir dirigido a la polaridad Aries/Libra. Si la respuesta proviene de Aries, lo más seguro es que sea «ser». La respuesta natural de Libra es «no ser». La parte de la fortuna simboliza aquí un equilibrio en el centro del zodíaco. Es una ventana a través de la cual un individuo ve todas las posibilidades, y sin embargo nunca establece una identidad personal con ninguna de ellas. Mantiene un delicado equilibrio, experimentando aspectos de muchas personalidades, pero sin establecer nunca una que sea única y suya. No obstante, mediante la experiencia de toda la vida que le rodea es capaz de desarrollar cierta sensación de contento. Sabe que puede tenerlo todo sin querer nada; tocarlo todo, sin poseerlo. Permanece simbólicamente en el centro de todo pensamiento. Es una verdadera paradoja: sin esperar nada, lo espera todo.

Lao Tsu, el antiguo sabio chino, escribió: «Treinta radios comparten el borde de la rueda. Es el centro lo que los hace útiles...». Y en otro fragmento: «... es el espacio vacío de una ventana lo que la hace útil». La parte de la fortuna en Libra es realmente un centro y una ventana abierta de conciencia. Se gira a su alrededor, y a través de ella fluyen todos los pensamientos, deseos y emociones de la humanidad. Es tanto una colección de todo color y sonido que se vuelve inmune a la identificación personal y específica con cualquiera de ellos. Así ocurre con todo en este signo. El individuo con esta parte de la fortuna experimenta, en menor medida, todas las energías del zodíaco. Libra, al permanecer en el centro, permite que éstas fluyan a través de una persona de modo que en conjunto formen un individuo completo. Una sensación de felicidad y contento se origina al sentir que uno pertenece a todo. Esta comprensión le acerca más a la conciencia de no-deseo, que será la base de la verdadera satisfacción. Sin necesidad de ayudar, o dar de mala gana a los demás lo que uno no tiene, la persona con esta posición es capaz de equilibrar toda experiencia y sentimiento y venir a descansar en vida. El equilibrio se consigue nivelando sentimientos opuestos, los suyos propios o de otras personas, hasta que se sienta una unidad. Actuar como un recipiente o canal para la vida permite que esta persona desarrolle el sentido de ser impersonal. La capacidad de volverse impersonal se deriva de una conciencia del agudo carácter presonal de Aries a través de la CI, canalizada a través del sentido Libra/Venus de los demás. Uno ve los deseos egoístas o «privados» de la gente, aunque es capaz de encontrar un lugar para todos ellos en el gran esquema de las cosas.

El cuerno de oro al final de este arco iris es saber que las energías creativas, a partir de las personas que hay en su vida y sus deseos, determinará el modelo de la propia vida. Así, de forma bastante inusual, uno se ve impelido a no tomar nunca una decisión correcta o equivocada. Fluyendo con las fuerzas que dirigen, uno permite que se tomen las decisiones necesarias. Esa fe en el cosmos deriva de la positividad de la parte de conciencia impersonal en Aries. Es una expresión de la bravura marciana frente a lo desconocido. Existe una gran paz al saber que el mundo cuida de ti, en todos los sentidos, durante todo el tiempo. Aquí radica la secreta felicidad de la parte de la fortuna en Libra.

En Escorpio

Aquí, el individuo consigue su mayor felicidad al participar en el proceso de regeneración. Esto está relacionado con la sexualidad, en el plano físico, y la búsqueda espiritual en los más altos niveles mentales y emocionales. La sexualidad, la esencia de la vida y la fuerza creativa, se convierte en un factor muy importante en el carácter de este individuo.* Existe un intenso deseo de investigar el sentido de la vida. Ésa es tarea fácil para alguien con ese entusiasmo, espíritu y percepciones penetrantes. Esta persona tambien posee un fuerte sentido del crecimiento y evolución humanos. Todos estos factores se combinan para dar la capacidad de profundizar en lo desconocido, para estar en el centro de todos los principios y finales.

A través de la parte de la conciencia impersonal de Tauro, esta persona ve de qué forma la gente y la sociedad se mantiene en la rutina llamada seguridad. La energía de Escorpio está siempre luchando por descubrir todo lo nuevo. Desea desarraigarse del orden establecido para mejorarlo. La energía de Escorpio aquí se orienta a socavar todo lo que ya no es válido.

La parte de la fortuna situada en Escorpio armoniza a un individuo consigo mismo y los niveles de pensamiento inconscientes de la sociedad. Se siente orgulloso de su capacidad para avanzar constantemente a pesar de esas fuerzas generalmente desconocidas. A los ojos de los demás, parece estar destruyendo lo que ha tardado años en construir. En realidad, lo que puede destruirse nunca fue real para empezar con ello. Esta parte de la fortuna busca la realidad mística del universo. Muchas cosas zozobrarán. Secretos ocultos saldrán a la superficie, y la corriente de

* El tema de la sexualidad se discutirá en dos próximos volúmenes, *The Astrology of Sexuality*, publicados por Samuel Weiser, Inc.

sentimientos y pensamientos humanos se agitará con una intensa pasión mientras las aguas discurran nítidas.

La energía de la parte de la conciencia impersonal en Tauro es constructiva, mientras que la energía de Escorpio en la parte de la fortuna es asoladora y destructiva. Ambos son necesarios para llevar a cabo el proceso que llamamos evolución. Los viejos edificios se demolen para que puedan erigirse otros nuevos en el mismo lugar. La persona con la parte de la fortuna en Escorpio es la única que tanto puede demoler como diseñar y construir edificios.

La persona con esta posición de la parte de la fortuna experimenta un insistente tipo de energía que nunca le deja descansar. Ansiando crecer, buscar y comprender todo lo invisible, su felicidad nunca echará raíces en una existencia pacífica. Es un transformador de hombres porque le descontenta la falta de movimiento y progreso que ve en cuantos le rodean. La sexualidad es simplemente el motor que le mantiene en movimento. Le proporciona un poderoso sentido de intimidad que forja el intenso sentimiento de una conexión con las profundidades de la verdad. No le enloquecen las fachadas sofisticadas y percibe claramente la realidad. Vivamente en armonía con las fuerzas de la naturaleza, Escorpio posee una percepción más altamente desarrollada que la de cualquier otro signo del zodíaco.

A través de la CI en Tauro, a esta persona se le permite experimentar la energía de la relajación y la satisfación. Eso actúa a modo de un contrapeso para la intensidad de Escorpio. Sabe que a la larga ése es el objetivo de todos. Pero no puede aceptarlo por sí mismo hasta que sienta que lo ha ganado. El cuerno de oro al final de su arco iris proviene de jugar un papel activo trabajando hacia la construcción de un mundo seguro y pacífico, no porque la gente trate de hacerlo así conteniéndose, reprimiendo e inhibiendo sus instintos, sino porque están más en contacto con la fuente de toda vida. Es muy feliz cuando es capaz de iluminar a los demás y mostrarles los nuevos senderos que temían considerar.

En Sagitario

En este caso el individuo siente la energía de una plena libertad. Busca espacios abiertos, tanto mentales como físicos, y evita encerrarse en situaciones y circunstancias que limiten sus posibilidades. De todos los signos del zodíaco, éste es el que posee la mayor capacidad para experimentar una vida dichosa. La existencia aquí puede ser naturalmente espléndida y feliz. Cuando esta persona no teme probar suerte, descubre que es afortunada por naturaleza. Cuando no teme viajar, descubre que su mayor fortuna se encuentra en los lugares más remotos, lejos de su hogar. A medida que pasan los años, su vida sigue expandiéndose y, casi a pesar de sí mismo, las circunstancias y experiencias por las que atraviesa parecen seguir creciendo más y con más significado.

A través de la parte de la conciencia impersonal en Géminis, sabe constantemente lo que piensan los demás. Ve cuánto tiempo de vida puede gastarse tratando discretamente de agradar a los demás antes que tratando de expansionar la conciencia hasta el punto en que uno comprende lo innecesario que es en realidad dicho pensamiento.

Tremendamente curioso, pretende vagar por el mundo en busca de todo aquello que quiere probar en la vida. Obtiene una enorme felicidad acercándose a la naturaleza, y se encuentra más incómodo en ciudades atestadas de gente que tienden a reglamentar y limitar su pensamiento y restringen su capacidad de respirar con el espíritu natural de la vida que fluye por él.

La energía de Sagitario es la de una verdad basada en

la comprensión de la ley natural. La energía de Géminis es la de la dualidad, y una conciencia de la dualidad, basada en el intento de relación del hombre con el hombre. El individuo con la parte de la fortuna en Sagitario descubre que cuando habla remilgadamente para conseguir aprobación o aceptación, o se pone en lugar de otros para saber qué decirles, se engaña a sí mismo. Ya que en la gran expansión de su conciencia es capaz de controlar toda la situación casi instantáneamente, corre mejor cuando se muestra franco y va al grano. De este modo no duda de la sinceridad de su propia verdad. La CI en Géminis le da la capacidad de ver claramente el mundo de aparente dualidad, y de un modo imparcial. Eso le permite escudriñar rápidamente situaciones o acontecimientos, y hace posible que la parte de la fortuna en Sagitario sintetice dichas observaciones en una nueva unidad. Una vez hecho esto, le da dirección y significado a las observaciones iniciales y el individuo puede emprender la acción adecuada.

La persona con esta parte de la fortuna sabe que siempre le aguardan nuevas experiencias que le aportarán más felicidad y satisfacción. Así, existe una fuerte tendencia a proyectar hacia el futuro e imaginar las experiencias y lugares con los que llenar ese futuro. Esta tendencia constituye la base del carácter profético de Sagitario. Tanto si ve lo que ocurrirá a través de su instinto como por su gran fuerza de voluntad, obtendrá un futuro conforme a sus deseos.

La mayor felicidad deriva de saber que no hay nada más importante en la vida que vivirla plenamente. De este modo, mientras la CI en Géminis ve la gente que trata de decidirse por una orientación en su vida, y siempre se siente desgraciada porque cree que uno debe elegir en lugar de otro, la parte de la fortuna en Sagitario es capaz de conocer todas las orientaciones a la vez. Esta persona no conoce la terrible frustración de ser incapaz de encontrar su propio lugar en la vida. Allí donde cuelga su sombrero es su hogar. Cualquier modo de ganarse la vida es su empleo. Quienquiera que esté en su compañía es su amigo. Es esta actitud la que deja fluir su entusiasmo, acorde con las fuerzas de su entorno.

Esta persona es capaz de navegar sobre la superficie de la vida sin sumergirse en situaciones que podrían ahogar su aspecto eternamente optimista. El mayor obstáculo para su felicidad es tratar de verse a través de los ojos de los demás. Éste es un aspecto de identificación autocrítico con la parte de la conciencia impersonal en Géminis. Él irradia felicidad. Él es felicidad. Sin embargo, por muy brillante que sea la luz, no puede verse a sí misma. Otros pueden ver la felicidad en él y, a sabiendas de ello, a menudo comete el error de mirarlos como reflejo de lo que él es. Mediante una retroalimentación positiva, puede sumirse en la ilusión de que, a cambio, puede hacer felices a los demás. Vivir bajo este tipo de obligación mental puede hacer que uno pierda su sentido de la felicidad.

La persona con la parte de la fortuna en Sagitario debe aprender que la felicidad es algo que no puede transferirse necesariamente de una persona a otra. Ésa es una de las grandes lecciones que enseña la CI en Géminis. Tratar de realizar ese intercambio sólo tiende a debilitarle a uno. El mundo puede ser su ostra, si simplemente se deja a sí mismo. Cuando aprenda todo eso, su vida adquirirá una espontaneidad entusiasta sin paralelo en ningún otro signo del zodíaco. Es a través de esa espontaneidad no dirigida que puede acercarse a lo que Buda quería decir cuando indicaba que el verdadero sentido de la vida es sólo «ser». Para este individuo, el cuerno de oro al final del arco iris es tan vivido como el sentido de presencia que es capaz de experimentar a cada momento.

En Capricornio

Aquí, el individuo alcanza su mayor felicidad contemplando cómo su vida asume una forma y estructura definidas. Esta persona tiene muchas ambiciones y esperanzas, pero sigue descontento, puesto que los pasos necesarios para su realización deben ser formulados y establecidos en movimiento. Trata de mantenerse en contacto con su propósito fundamental en todo momento y sabe que el mejor modo de experimentar plenamente la vida es emplearla en crear algo que sobreviva a su propia existencia. Se esfuerza en superar las limitaciones que sufrió en su juventud. Es capaz de desarrollar una fuerza interior que le permita ver que su vida está en sus manos y en sus actos. No quiere necesariamente que las cosas lleguen fácilmente, ya que siente que la naturaleza frívola y transitoria de la mayoría de experiencias, objetos e incluso relaciones, resten valor al gran objetivo que se ha planteado. También necesita saber que es capaz de hacer una valiosa contribución a la sociedad.

La parte de la conciencia impersonal en Cáncer hace que esta persona experimente toda una gama de energía emocional. Al igual que en todas las posiciones en las que la polaridad permite al individuo incrementar la experiencia emocional, la necesidad de seguir siendo impersonal se refuerza. El equilibrio que la persona debe conseguir es vital para el uso adecuado de la energía. Es importante notar que todos los signos de tierra están equilibrados por signos de agua. La tierra seca no es fértil. No crecerá nada en ese suelo tan útil para el hombre. Quizá se encuentren minerales valiosos en dichos lugares, pero la riqueza que representan suele utilizarse para asegurar los productos de una tierra rica y fértil. Por otro lado, el terreno que ha sido inundado tiene un uso escaso, ya que el agua se ha retirado y la tierra se ha secado un poco. La energía de Capricornio le impulsa hacia la realización de proyectos, la energía de Cáncer experimenta el entusiasmo emocional de dar a luz el principio de las cosas. Para que la parte de la fortuna funcione mejor aquí, debe educarse y orientarse la emoción. Ésa es quizá la tarea más difícil que deba llevar a cabo una persona. En realidad, todo lo que el individuo siente puede actuar como un impedimento para todo lo que realmente quiere hacer. Inseguridades de la infancia, miedos y dudas sobre sí mismo deben dejarse a un lado de modo que sea capaz de desarrollar la perspectiva que le permite ver que el trabajo de su vida es más importante que ellos. Cuando esta persona pueda hacer eso, desarrollará una nueva identidad a través de la cual él se convierta en la calidad y cantidad de todo lo que es capaz de producir.

La CI en Cáncer proporciona un conocimiento profundo de la necesidad de un buen principio o base para cualquier proyecto. Nada tendrá éxito a menos que se cuide, alimente y dirija el primer paso o idea. La CI en Cáncer hace que la persona con la parte de la fortuna en Capricornio conciba, dé a luz y alimente lo que crecerá hasta llegar a la madurez y, además, tener su propia vida.

Esta posición de la parte de la fortuna retrasa la felicidad hasta las postrimerías de la vida. Eso permite el desarrollo de una verdadera madurez ya que el individuo debe superar formidables obstáculos que requieren fuerza y destreza perfectas para tan duro trabajo. A través de la parte de la conciencia impersonal en Cáncer tiene que aprender que, en realidad, las emociones negativas agotan sus energías físicas, impidiéndole alcanzar el sentido de progreso que necesita para continuar. Es sumamente sensible a las necesidades de los demás, y particularmente vulnerable a nivel emotivo personal. Así, para que su parte de la fortuna funcione a pleno rendimiento, debe aprender a evitar los embrollos emocionales negativos que le confundan y debiliten su sentido de autorrespeto.

Su mayor felicidad llegará cuando se dé cuenta de las formas en las que es un individuo totalmente capaz. En un sentido muy real, se convierte en su propio padre. Aprende a guiarse a sí mismo, e independientemente de las situaciones y circunstancias de su vida, desarrolla la capacidad de funcionar a niveles generalmente inasequibles para la mayoría de la gente, incluso en la mejor de las circunstancias.

Capricornio es un signo de gran profundidad. Siempre hay algún plano subyacente en sus acciones; un camino junto con un sentido de la intención bien definido viaja hacia el objetivo elegido. Incluso las desviaciones entran a formar parte del plan. No puede haber vagas abstracciones o generalidades para este individuo, ya que, en esencia, la recompensa de felicidad de la vida procede de estar seguro de su destino en todo momento. El cuerno de oro al final de este arco iris se consigue tras muchos años de esfuerzos orientados a lo largo del derrotero específico que ha trazado. Sabe que sus logros no son fruto de la suerte o de la buena fortuna, sino más bien de una orientación de sus poderosos esfuerzos y de su valía interior. Cualquier cosa que consiga será conocida como un símbolo de este desarrollo interno que constituye el cuerno de oro.

En Acuario

El individuo experimenta aquí su mayor felicidad fluyendo con las energías del conocimiento y la iluminación. Libre de los límites que sienta la sociedad, ilimitado por los confines de una expectativa previsible, es capaz de experimentar todo lo que existe fuera de los límites de la sociedad establecida. Trata de saberlo *todo* —acerca del hombre, del mundo, del universo. Quiere saber cómo tantos aspectos de la vida aparentemente diferentes consiguen encajar entre sí.

El objetivo de la parte de la fortuna en Acuario es un sentido de inconformismo. Su felicidad deriva de comprender que las cosas pueden ser diferentes, sin que una sea mejor o peor que otra. Es gracias a esta actitud que es capaz de ver claramente las consecuencias de emitir un juicio. Es justo e imparcial por naturaleza. Por su trato justo del mundo experimenta toda la felicidad asociada a la libertad. Dado que es imparcial y no se involucra demasiado en los principios personales de los otros, el mundo le concede la libertad de explorar su propio despertar. Nunca tiene que seguir la trayectoria de los demás. La dirección de su brújula siempre la establecen nuevas ideas que estimulan la inventiva y la originalidad de su perspectiva. A menudo busca la soledad para poder alejarse de las demandas de la sociedad tradicional, pues su felicidad no se basa en las leyes o restricciones de los hombres, sino en el impulso de las fuerzas del cosmos que apartan al hombre de sus mayores capacidades. Trata de vivir sin un plan. A partir de la ausencia de cualquier modelo aparente, ritmo o razón de su vida, se desarrolla un sentido de la vida y del vivir poco común. De eso se derivan sus poderes únicos de ingenuidad y conocimiento.

A través de la parte de la conciencia impersonal en Leo, esta persona es capaz de ver cómo la gente lucha en vano por el poder y la autoridad, así como el deseo de defender principios mediante los cuales puedan establecer un autorrespeto. Sabe que existe un lugar para eso en el mundo, pero también sabe que éste está en el estado que se encuentra porque se ha hecho un mal uso de esas cosas. Es el amor de Leo por la verdad y los más altos principios el que actúa para él más como un faro que como una identificación con la limitación del poder, lo que puede inhibir el espontáneo fluir de la vida.

Pocas cosas pueden conmocionar a la persona con la parte de la fortuna en Acuario porque hay espacio suficiente en su conciencia para aceptar la posibilidad de cualquier acontecimiento. Vive en el futuro, explorando y descubriendo aquello que la humanidad considera como sus posibilidades más remotas. Es un auténtico espíritu libre: liberal en sus ideas y poco convencional en sus actitudes. Para él, la satisfacción no procede de preocuparse en forma personal alguna por la dirección en que la sociedad parece estar moviéndose. Sabe de un futuro mejor, basado en una visión de largo alcance de la verdad. Así, los problemas del presente pueden dejarle relativamente indiferente. Sabe que se resolverán de la mejor manera posible. No hay por qué preocuparse.

Dado que la energía de Leo está fuertemente basada en la satisfacción del ego mediante el dominio y el poder, y la de Acuario en evitar que el ego quede atrapado, encontrará su mayor felicidad cuando no sienta miedo o vergüenza de sus actitudes imparciales e inconformistas. La fuerza para hacerlo deriva de la propia energía leonina. Es el poder de Leo el que capacita a la persona a combatir el deseo de poder porque la visión ha sido dirigida hacia dentro así como hacia fuera. En cuanto esta persona se acepte a sí mismo como «diferente» y a sus deseos e ideas como únicos, incluso proféticos por su carácter vanguardista, empezará a deplegar la realidad que ha estado anhelando su alma. Sabrá que su mente es libre para explorar el conocimiento; la conciencia acabará liberando a la humanidad de las trabas de su ego colectivo. La felicidad de este cuerno de oro no es solamente para el individuo, sino para todos.

En Piscis

Aquí el individuo tiene la oportunidad de experimentar la suma de las energías creativas del zodíaco. Esta persona está en armonía con las fuerzas del cosmos de las formas más sutiles. Es capaz de fluir con una invisible realidad que sabe que se manifiesta como física y tangible. Sabe que el universo está formado por una sustancia no limitada por la materia. Experimenta la unidad de todas las cosas, puede adaptarse a cualquier vibración y satisfacer cualquier necesidad.

La parte de la fortuna situada aquí permite que experimente la alegría de trascender el tiempo, el espacio y el pensamiento. La poderosa intuición y sintonización con las fuerzas cósmicas que derivan de la parte de la fortuna en Piscis otorga al individuo un carácter magnético y misterioso. Da la impresión de que esta persona conoce íntimamente lo desconocido.

A través de la parte de la conciencia impersonal en Virgo, esta persona ve el modo en que la gente trata de planificar y organizar su vida, mientras dejan de ver toda la perspectiva y su significado. También experimenta las limitaciones de vivir en una conciencia finita en la que se cree que la única realidad que existe es la que puede verse, tocarse o sentir emocionalmente. Si quiere ser feliz, no tiene que identificarse con esa clase de realidad. Sus percepciones trascienden el universo finito. Las dimensiones de espacio y tiempo tienen pocas consecuencias para el carácter infinito de todo cuanto percibe.

¿Podría existir una felicidad mayor que la de sentir la eterna unidad de Dios? ¿Cómo podría existir en la tierra algo que no fuera reflejo de lo que no es terrenal? ¿Cómo podría existir nada que no procediera de un estado mental? A partir de formas que están más allá de la comunicación verbal, esta parte de la fortuna en Piscis hace que uno conozca la esencia de la realidad. En efecto, este individuo se encuentra entre el mundo de Dios y el del hombre y sabe que son uno. Experimenta esa unidad.

A la persona con la parte de la fortuna en Piscis no le gusta hacer promesas. Sabe que mantener o romper una promesa no está siempre bajo su control. Para asegurar su felicidad, debe evitar la tendencia de Virgo a manipular y planificar un estilo de vida finito y particular que en ese caso tendría que probar y vivir con él el resto de su vida. En vez de eso, debe aprovechar la capacidad de Virgo de ver la perfección de aquello que es, y dejar que la vida siga su curso.

La persona con la parte de la fortuna en Piscis no tiene que conquistar, ya que es parte de lo que es dueño de todo. No tiene que someterse, ya que se da cuenta de que en realidad no hay nada que deba someterse, puesto que la sumisión y la conquista son meramente lados opuestos de un mismo concepto. La felicidad deriva de una silenciosa comprensión que le permite discurrir suavemente a través de las experiencias de la vida.

El cuerno de oro al final del arco iris es, de hecho, el propio arco iris. La parte de la fortuna en Piscis proporciona una ventaja distinta de saber que, a fin de cuentas, la vida, el mundo de las ideas y sus limitaciones sólo son una apariencia. La imaginación creativa basada en el conocimiento de una verdad, comprensión y amor superiores, no ilusorios, es lo que puede liberar su mente y su corazón. La alegría y la felicidad proceden de su armonización con los niveles superiores de la conciencia. La capacidad de sintonizar admirablemente con esos niveles derivan de la CI en Virgo, que permite que uno purifique, ordene y dirija los pensamientos de su mente. La energía mercurial de Virgo actúa a modo de puente entre los niveles ascendentes de percepción y comprensión que conducen al abrazo de Júpiter y Neptuno. Mediante su compasivo deseo de ayudar a configurar un mundo más amoroso, sus esperanzas, sueños y deseos crean una conciencia más hermosa para su prójimo. Cualquier cosa que pueda imaginar se convierte en parte de su realidad.

5. ASPECTOS CON LA PARTE DE LA FORTUNA

La parte de la fortuna es un punto arábigo más que un planeta específico y algunos astrólogos no han considerado los efectos de los aspectos planetarios en este punto del horóscopo. Sin embargo, existen varias y poderosísimas razones para propiciar algún estudio de los contactos planetarios con este punto.

Debería entenderse que la parte de la fortuna representa una posición muy sensible en el horóscopo de un individuo. ¡Uno reacciona enérgicamente ante otros individuos que tienen planetas en contacto con él! Uno también reacciona enérgicamente ante tránsitos y progresos importantes sobre ese punto. De este modo, si un área de la carta de un individuo es demasiado sensible como para hacer que reaccione ante fuerzas externas, obviamente posee la fuerza suficiente para ser considerado uno de los factores que ejerce una fuerte influencia en su vida. Uno puede preguntarse acerca de la extensión de la fuerza que tiene dicha parte arábiga, teniendo claramente presente que no se trata de un planeta. Ese pensamiento nos lleva a creer que necesariamente es más débil que un planeta. Entonces, resulta importante darse cuenta de que la parte de la fortuna no es en modo alguno la resultante de ningún planeta, sino que más bien representa la combinación de fuerza y sensibilidad de ambas luminarias (a menudo consieradas como los dos planetas más poderosos de la carta) y del ascendente. Debería entenderse entonces, que la parte de la fortuna es, claramente, un área muy potente del horóscopo, que a menudo reacciona a los estímulos externos con el igual, si no más, poder que un simple planeta.

Eso nos lleva a otra consideración. Si la parte de la fortuna es sensible a las fuerzas externas mediante las experiencias y circunstancias que acontecen como resultado de tránsitos y progresiones, entonces ¿es posible que también sea sensible a las fuerzas internas derivadas de la conciencia del individuo dentro de los límites de su carta natal? Puede responderse a eso con bastante facilidad a partir de los estudios de otras partes no-planetarias del horóscopo. Consideremos el ascendente, el medio cielo, los nodos, la cúspide de la Casa, el vértice, el nadir, el descendiente y el resto de las partes no planetarias del horóscopo. ¿Son susceptibles de distanciar relaciones o aspectos formados con ellos por planetas actuales? ¿Es importante que un planeta forme conjunción con el ascendente? Sí. ¡Cambia toda la configuración de la carta! ¿Es importante que un planeta esté en cuadratura con la cúspide de una Casa? Muchísimo. Crea tensiones muy específicas entre la energía del planeta y las experiencias que esa Casa simboliza. ¿Es importante que un individuo tenga tres planetas en conjunción con su nodo norte? ¡Por supuesto que sí! Obliga al individuo a satisfacer su karma con urgencia.

Es posible pasar por muchos ejemplos de cómo los aspectos planetarios a puntos sensibles de la carta tienen su efecto en realidad. Lo que hay que entender aquí es que una parte del horóscopo está afectada por aspectos, incluso si no se trata de un planeta.

Existe aún otra manera de considerarlo. Olvidándonos completamente de la astrología por un momento, pero recordando que la parte de la fortuna simboliza la felicidad que uno busca en la vida, consideremos lo siguiente: en un nivel cotidiano y muy mundano de pensamiento existen cosas en la vida de un individuo que son alegres para él. Y, en relación a esas cosas, existen también cosas que bien le permiten experimentar su felicidad o que se obtendrán yendo hacia ella. La felicidad de una persona podría muy bien estar en la paz mental (algo bastante intangible, tanto como la parte de la fortuna). Una factura en el correo interfiere momentáneamente en la experiencia de la felicidad. La factura es mucho más tangible (en cierto sentido, como un planeta). Mientras una es más tangible que la otra, existe aún una fuerte relación entre las dos. La reacción emocional del individuo (que procede de su interior) ante el hecho de que tiene que pagar la factura le distrae de su objetivo que, en ese caso, era la paz mental. Del mismo modo, un aspecto planetario a la parte de la fortuna tiene su efecto en la vida de un individuo.

Para poner otro ejemplo, supongamos que un individuo tiene la parte de la fortuna en la Casa quinta en conjunción con la Luna. En un nivel muy realista, su felicidad radica en desear tener un hijo. La Luna simboliza el nacimiento real de ese niño. Volviendo a olvidar la astrología por un momento, vea la relación entre buscar, querer, esperar y desear en el proverbio «pequeño haz de felicidad», y la eventual realización del mismo. También aquí, uno es más tangible que el otro. Sin embargo, existe una continuidad directa entre ellos.

Así, en niveles astrológicos de pensamiento, una parte del horóscopo puede ser más tangible que otra, sin ser necesariamente más significativa. No hay duda de que el nacimiento tangible de un bebé es sumamente importante para una persona, pero ¿son menos importantes los meses de ansiosa espera, planes, sueños para el futuro, y el sorprendente sentimiento de temor reverencial que uno siente al experimentar una parte de la creación de Dios?

Lo tangible y lo intangible son dos caras de una misma moneda. Siempre van juntos. Aquí llegamos a una mayor comprensión. La parte de la fortuna no es realmente intangible. Existen rutas definidas hacia lo que uno busca como su felicidad en la vida. Por lo general, una persona sabe qué le hace feliz. Ese conocimiento es tangible. Es algo que puede experimentar, sentir, probar y tocar. Le llena interiormente y le capacita para irradiarla hacia todo aquel que encuentra.

Mediante estas analogías, resulta fácil ver que los aspectos a la parte de la fortuna tienen un efecto muy concreto sobre las formas en que uno puede alcanzar su propia «felicidad». Dichos aspectos también están en relación con los obstáculos que deben superarse para advertir esa felicidad. He escogido cuidadosamente la palabra «obstáculo» a fin de plantear otra cuestión. Ciertamente no existe nada negativo en ningún horóscopo. Hay cosas que cuesta tiempo comprender. Hasta que no conseguimos la comprensión de esas cosas, parecen bloquear nuestro camino y apartarnos de aquello que deseamos. Éso son obstáculos. Pero los obstáculos son meros escalones que hacen que nuestra «felicidad» sea mayor cuando la alcancemos debido a toda la fuerza que hemos construido en nuestro interior durante el proceso de esforzarnos. Las cosas que tardan años en conseguirse, generalmente con dos pasos adelante y uno hacia atrás, también son mucho más significativos; las cosas que llegan con demasiada facilidad tieden a perder valor ante nuestros ojos. Así, los aspectos duros y fáciles a la parte de la fortuna deben ser vistos desde la perspectiva correcta: considerándolos exactamente por su valor. Para las cosas que llegan fácilmente, debemos ser humildes. Para las que se llegan con dificultad, debemos ser agradecidos. Y aquí, por encima de todas las demás alegrías que espera la parte de la fortuna, es como uno consigue el verdadero y duradero carácter de la felicidad.

Cuadraturas con la parte de la fortuna

Si los planetas están en cuadratura con la parte de la fortuna, uno está tentado a creer que privarán a un individuo de su felicidad. Nada más lejos de la verdad. En realidad, provocan una tensión que lleva a la persona en dirección a la accción. Según Freud, la acción es lo que saca a la persona de su estado de sueño. Cuanto más hace, actúa, participa, trabaja, se esfuerza, etc., más cerca puede estar uno de convertir sus sueños en realidad.

Soñar o fantasear sobre lo que nos aportará la felicidad es no conseguirla. Admitir que el logro de los mayores deseos de uno será el producto de hacer acopio de fuerzas es el primer paso hacia su consecución.

Cuanto más maléficos son los planetas que forman cuadratura con la parte de la fortuna, más profundamente cavará el individuo el pozo de la adversidad para dejar más espacio para que entre su felicidad. Uno debe tener siempre *in mente* que todo lo que uno hace no radica en eso, de modo que puedan formularse quejas sobre las tareas implicadas, sino más bien en definir clara y firmemente la trayectoria y los modos y medios que le ayudarán a conseguir los resultados más positivos de la parte de la fortuna.

Los planetas benéficos que forman cuadratura con la parte de la fortuna pueden aportar al individuo la satisfacción de sus deseos en las primeras etapas de la vida, o de la forma más sencilla. ¡Aquí, la persona tiene que recordar que la felicidad es algo mucho más difícil de mantener que de conseguir! Puede que un individuo desee ser cantante, y gracias a la cuadratura benéfica con la parte de la fortuna en la Casa décima pueda invertir el esfuerzo para realizar eventualmente un disco de éxito. Pero de entre los millares de cantantes que consiguen un disco de éxito, ¿qué porcentaje consigue en realidad un segundo éxito, o un tercero? ¡De hecho, menos del uno por ciento es capaz de tener éxito en el éxito! Considerándolo desde otra área del horóscopo, un individuo puede tener la parte de la fortuna en la Casa undécima con cuadraturas benéficas a ella. Dichas cuadraturas ayudan a proporcionar la energía para buscar amistades activamente. Pero, dado que esos amigos llegan con bastante facilidad a causa de la energía benéfica canalizada en esa dirección, no pueden mantenerse por mucho tiempo, ya que no se cumple todo el valor de lo que se ha conseguido.

De modo que, en esencia, las cuadraturas con la parte de la fortuna crean una energía dinámica que el individuo puede utilizar a fin de alcanzar su mayor felicidad. Tanto si ésta llega fácilmente o con dificultad, tanto si tarda un período de tiempo relativamente corto como toda una vida, no hay nada más grande que convertirse en parte de la «felicidad» misma. ¡La lección de estas cuadraturas es que la recompensa bien vale un esfuerzo!

Trígonos con la parte de la fortuna

Los planetas que forman trígonos con la parte de la fortuna aportan a la vida del individuo circunstancias externas que le llevarán hasta su felicidad. Con estos aspectos, resulta muy importante que no vaya activamente en pos de su parte de la fortuna, ya que le esquivará en cada esquina si lo hace. Por otro lado, aprendiendo simplemente a dejarse llevar por las circunstancias, personas y acontecimientos que entran y salen de su vida, conseguirá automáticamente su parte de la fortuna sin intentarlo de forma consciente.

Los trígonos siempre aportan experiencias exteriores, pero no siempre con la facilidad que uno piensa. Los planetas maléficos en trígono con la parte de la fortuna ponen al individuo en algunas circunstancias bastante difíciles a manos de los demás. Sin embargo, es precisamente a través de ellas que acabará dándose cuenta de sus deseos. Cuando un individuo tiene cuadraturas con la parte de la fortuna, su camino parece más directo porque procede de su interior. Pero cuando su horóscopo muestra trígonos con este punto, parece ir en muchas direcciones distintas —esencialmente deslizándose dentro y fuera de las realidades con las que cada uno se encuentra. Estas realidades representan de algún modo lo que la parte de la fortuna significa para él. Es el individuo que «recorre una milla tortuosa», pero sin embargo todavía sabe adónde va. ¡Y lo más interesante es que a menudo llega allí a pesar de sí mismo!

Cuando los trígonos con la parte de la fortuna vienen de planetas benéficos, al individuo le resulta tremendamente fácil realizar sus sueños. Una y otra vez, parece ser muy afortunado en la única área que simboliza su parte de la fortuna. La lección aquí es, por supuesto, no llevar su suerte demasiado lejos, sino más bien apreciarla como parte de la fortuna divina de la que, por alguna razón desconocida, ha sido merecedor.

Oposiciones a la parte de la fortuna

Los planetas que están en oposición con la parte de la fortuna forman a su vez conjunciones con la parte de la conciencia impersonal. Así, lo que aparentemente quitan a un individuo en un área, se lo otorgan en otra. Estos planetas funcionan mejor cuando una persona no trata de usarlos en beneficio propio. No es tanto que uno necesite obligatoriamente ser más una persona que da que una que toma, o incluso verlo en este espectro. En vez de eso, es más importante que estas energías planetarias sean utilizadas sin tener relación con poseer o ser dueño de las funciones que representan o los productos que originan. Un aire de objetividad les ayuda a funcionar mejor y no impiden de ningún modo que una persona experimente la «felicidad» prometida en su parte de la fortuna.

Estos planetas simbolizan las formas en que un individuo participa en el mundo a través de una conciencia impersonal. De este modo, le muestran de qué manera es exactamente igual que cualquier otro, más que apuntar hacia la unicidad que uno tiende a querer encontrar en uno mismo como una estructura de identidad del propio ego. Aunque estos planetas no tienen que funcionar a nivel personal, el individuo puede ver a través de ellos las formas en que es parte del flujo de las experiencias de la vida comunes a todo el mundo. Y, a nivel personal, eso le otorga el sentido de pertenencia del que de otro modo no sería consciente.

Conjunciones con la parte de la fortuna

Los planetas que forman conjunciones con la parte de la fortuna ayudan al individuo a conseguir su mayor «felicidad» si aprende a usarlos y dejarlos operar de forma positiva. Dirigen sus energías a lo largo de su camino hacia la felicidad de modo que no pueda ayudar sino encontrarla. Esencialmente, añade capacidad de concentración, a fin de que no se desvíe del lugar hacia donde se dirige.

Al mismo tiempo, estos planetas forman oposición con la parte de la conciencia impersonal. Así, evitan que la persona se vuelva demasiado impersonal. Eso actuaría a modo de distracción de su realidad personal. Además, la naturaleza de cualquier planeta que forme conjunción con la parte de la fortuna ayuda a definir con más claridad qué es exactamente lo que aportará felicidad a una persona. Incluso los planetas maléficos pueden aportar felicidad.

¡Muchas personas experimentan una gran «alegría» combatiendo! Quíteles las razones que tienen para combatir o luchar y se volverán sumamente desgraciados. Mucha gente obtiene una gran felicidad haciendo que la vida parezca difícil. Trate de hacerle la vida más fácil y no será feliz. Así, un estado de «felicidad» no debe imaginarse necesariamente como el sentido de bienaventuranza que uno pueda pensar. Lo que tiene que ser es la capacidad de satisfacer lo que cualquier persona define como aquello que le hace realmente feliz.

Ningún aspecto con la parte de la fortuna

Es bastante frecuente no encontrar ningún aspecto con la parte de la fortuna. En estos casos, es interesante estudiar el planeta más cercano a ella. A menudo proporciona una pista sobre cómo trata el individuo de lograr su sentido de «felicidad», es decir, los medios que utiliza para conseguir sus fines. Tanto si esos medios le resultan fáciles o difíciles, como si en realidad le ayudan a conseguir su parte de la fortuna o le alejan de ella, están determinados por otros aspectos que este «planeta más cercano» recibe en la carta.

6. LA PARTE DE LA FORTUNA Y EL KARMA

La parte de la fortuna representa la forma en que un individuo puede alcanzar su mayor felicidad y satisfacción. Resulta obvio entonces que tiene mucho que ver con lo bien que se enfrente y supere su karma negativo mientras, al mismo tiempo, crea y acepta las recompensas del karma positivo.

Independientemente de las experiencias de vidas pasadas, se crea y vive más karma en la presente vida de lo que uno se da cuenta. Si un individuo lleva un estilo de vida por el que se siente constantemente culpable, entonces tiende a enfocar toda su vida a través de Saturno. En tal caso, un inconsciente dominado por la culpabilidad puede evitar, de hecho, que se manifiesten más áreas positivas de la carta.

Si un individuo tiene tendencia a evitar responsabilidades, entonces éstas empezarán a acumularse en su cabeza. También aquí, la carga de Saturno se hace lo suficientemente pesada para hacer que el individuo pierda perspectiva. Viendose a sí mismo tratando de atrapar constantemente todo lo que intenta evitar, pierde el punto de cómo puede fluir su carta ininterrumpidamente y proporcionarle la felicidad que está buscando.

Si un individuo sabe que tiene problemas que resolver en relación a sus padres, y por miedo a herirles evita las confrontaciones que le conducirán a ser él mismo, entonces siente el peso de Saturno en forma de secretas preocupaciones que desfiguran y nublan su perspectiva de la vida.

Si un individuo se siente responsable de la situación de sus padres o antepasados, vuelve a ser prisionero de Saturno. Si él mismo cree que no es el padre que debería ser, el resultado es bastante similar.

Hay muchos estudiantes de astrología y ciencias esotéricas que están bajo la falsa creencia de que Dios les ha asignado alguna misión muy especial y específica para interpretar lo que desempeñará un papel primordial en la evolución de la humanidad. Este tipo de actitudes también invita a las penas de Saturno a colgar como una pesada nube sobre el resto de la carta del individuo.

Es interesante notar cómo la mayoría de los estudiantes noveles de astrología, al ver y comprender sus horóscopos por primera vez, sienten el deseo de borrar a Saturno de la carta. Del mismo modo, aquellos que han estudiado astrología durante varios años, pueden poner demasiado énfasis en la llamada de Saturno. Ambas actitudes son extremas y, como tales, impiden que el individuo experimente el suave fluir de toda su personalidad. Demasiada o demasiada poca atención hacia Saturno crea una disarmonía tal en el centro del ser del individuo que en realidad le inhibe para descubrir quién es y cómo puede funcionar.

Una de las caractertísticas más desconocidas y místicas de Saturno es la necesidad de comprender la formación de todas las cosas. El individuo busca la sabiduría en tan alto grado que durante el proceso tiene que cargar con un exceso de conocimiento. La sabiduría no puede buscarse. Llega a través de la experiencia de la vida. No viene de los libros ni de escuchar las palabras de los demás. Es producto de todo lo que un individuo sabe, basado en todo aquello por lo que ha pasado personalmente. La sabiduría también debe ser puesta en *práctica*, o de lo contrario se petrificará.

El uso adecuado de Saturno consiste en proporcionar

ni más ni menos peso que cualquier otra parte del horóscopo. Sí, el hombre tiene que adquirir responsabilidades —basadas en las necesidades que ha creado para sí mismo. Existe una gran diferencia entre poner énfasis en los cuidados, cargas y obligaciones que tan fácilmente pueden cegar a uno de todo lo que hay que experimentar, y encontrar sus reponsabilidades de la forma más simple posible —aceptándolas sólo como un fragmento de la totalidad de la vida, y avanzando, por así decirlo, hacia mayores y mejores cosas.

Saturno puede ser fácilmente un planeta de estancamiento, manteniendo al individuo en el mismo nivel de conciencia durante toda una vida. Durante todos esos años, el Sol, la Luna, el ascendente y la parte de la fortuna resultante están obligados a «ser plato de segunda mesa» para arcaicas y anticuadas formas de pensar y vivir.

Hay quienes «pretenden ser» en la vida, y hay quienes buscan *«comprender cómo ser»*. Los primeros experimentan la vida en su totalidad, probando los cambios de estación y participando de nuevas experiencias que dan a la vida un sentido de movimiento y progreso. Los segundos tienden a ser observadores o manipuladores de vida, temerosos de mojarse en las aguas de la emoción, y sus mentes en el aire de la razón, la verdad y la sabiduría.

En el mundo sólo existen, básicamente, dos tipos de personas. Existen los que saben y los que no saben. Los que no saben viven con la ilusión de que tienen un control absoluto — no sólo sobre sus propias vidas sino sobre las de quienes les rodean. No les importa nunca estar en armonía con la naturaleza. Pueden disfrutar y apreciar la belleza natural del mundo que les rodea, pero no lo consideran relacionado con el plano de su vida. Estas personas pasan gran parte de su vida quejándose cuando un día de lluvia les impide ir de picnic, cuando demasiado sol les hace sentir incómodos y, de hecho, cuando cualquier fuerza externa a ellos les impide expresar su propio deseo personal. Por otro lado, existen aquellos que saben. Saben que la vida del hombre no está separada de la naturaleza, sino que forma parte de ella. Se regocijan con la lluvia, ya que lo mantiene todo verde a la vez que aporta una limpia frescura a la atmósfera. Se regocijan con el sol, ya que bajo su resplandor el gran despliegue de la belleza de la naturaleza se hace más visible. Nunca consideran las cosas, las personas y las circunstancias como obstáculos para la expresión de su propia voluntad, sino que más bien viven su vida como un compartir en común los dones y el apoyo de la naturaleza.

Los que no saben están tan desconectados consigo mismos que pocas cosas cobran forma en su vida para proporcionarles felicidad. Siempre están compitiendo con una ilusión del ego, que les conduce, como un carro delante de un burro, de una experiencia a otra. A aquellos que saben, las responsabilidades nunca les resultan una carga; nunca se ven bloqueados por el miedo; nunca les intimidan preocupaciones inexplicables que, finalmente, acaban ocupándose de ellas mismas.

Si uno trata de descubrir cuál es su propio karma, puede desperdiciar ese tiempo, puesto que, sin preguntarse sobre el significado de esto o aquello, el individuo acabaría con su karma de todas formas. La cuestión es que la parte de la fortuna, al no ser un planeta específico sino una mezcla de tres factores del horóscopo, funciona mejor cuando uno trata de vivir su vida con la mayor naturalidad posible. Para ello, las lamentaciones y el apego a anteriores modelos de conducta, tan característico del uso negativo de Saturno, deben ser superados. Por paradójico que parezca, el individuo debe trascender su Yo personal para encontrarlo.

El mundo tiene mucho que ofrecer; el problema más serio de la humanidad es que nunca sabe con certeza qué escoger. Cuando el hombre acaba eligiendo, nunca está completamente seguro de si la elección que ha hecho le ha alejado de otras experiencias que podrían brindarle más placer. El miedo a las limitaciones del propio estilo de vida es otra característica de una reacción negativa a Saturno. Sin embargo, los que saben nunca lo consideran de esta manera.

Una de las cosas positivas que una persona puede hacer para estar en armonía con aquello que es mejor para su forma de vida es limitar experiencias, circunstancias e individuos que tiendan a estancar el crecimiento, disipar sus energías y crear multitud de diversidades. Ello tiende a arrancarle de su anclaje en la realidad, y sirve para crear orden, armonía y para enriquecer la vida en general. El mundo es demasiado grande para que uno pueda tenerlo todo, y es imposible probar las experiencias de los demás. En cada horóscopo, la parte de la fortuna sólo aparece en una Casa y en un signo. Eso indica el área concreta en que, si uno es capaz de concentrar sus energías positivas, podrá recoger la recompensa que le proporcionará su propio sentido de la felicidad.

Mirar demasiadas cosas deslumbra los sentidos. Considerando constantemente sus cargas, el hombre pierde su perspectiva optimista de la vida. Si se deja llevar por las formas en que las fuerzas naturales están enfocadas hacia él, pronto descubrirá el río de su propia conciencia. Al igual que un verdadero riachuelo que discurre de la montaña hasta el valle, si permanece dentro de los límites de las orillas que lo definen, fluirá con la corriente natural. Dicha corriente acabará conduciéndole hacia su océano de felicidad.

7. LA PARTE DE LA FORTUNA Y HORÓSCOPOS DE FAMOSOS

Bob Dylan

En el horóscopo de Bob Dylan, cantante, músico, poeta, místico y leyenda de su tiempo, encontramos la parte de la fortuna en Tauro en la Casa duodécima. La parte de la conciencia impersonal se halla en Escorpión en la Casa sexta. Esta parte de la fortuna en la Casa duodécima muestra una enorme ansia de buscar cosas internas, encontrar y comprender aquellos sentimientos intangibles que tanto afectan la vida exterior del hombre. En este caso, la parte de la fortuna está formando una conjunción casi perfecta con Urano, lo que proporciona iluminación, conocimiento y cambio en la conciencia de la persona.

Muchos músicos profesionales tienen al menos un planeta en el signo de Tauro. Además de los cuatro planetas que Dylan tiene aquí, su parte de la fortuna en este signo indica que la música es uno de los campos en que puede alcanzar su mayor felicidad. El hecho es que en la Casa duodécima se muestra que es más feliz no tocando ante un público multitudinario (puesto que el signo de Tauro es básicamente tímido), sino disfrutando de la soledad y el recogimiento que ofrece la Casa duodécima. Eso le permite pasar mucho tiempo lejos de las demandas de un mundo vertiginoso que a menudo parece ir moviéndose en círculos.

Desde el aspecto ventajoso de la Casa duodécima, un individuo puede ver todo el *sufrimiento de la humanidad* y preguntarse a sí mismo: «¿Por qué?». La falsedad de los intentos del hombre para ser más de lo que es y el comprobar que es menos de lo que cree que es resulta evidente desde el punto de vista de la Casa duodécima. «¿Cuántos caminos debe recorrer el hombre, antes de que puedas llamarlo hombre», clama Dylan en su canción *Blowing in the wind*. Y en otra canción escribe: «No quiero poseerte...», «no quiero cambiarte...», una actitud insólitamente peculiar del potente *stellium* de Tauro. La Casa duodécima regida por Neptuno conduce al carácter terráqueo de Tauro a una delicadísima armonía con una realidad cósmica superior. Es desde esta perspectiva que Dylan es capaz de hacer despertar a la humanidad a un nuevo nivel de comprensión que puede ayudar a la gente a alcanzar un estado de ser más equilibrado.

La parte de la fortuna en la Casa duodécima aporta una gran felicidad al individuo mediante el hallazgo de lo completo en su interior. Al no pretender ser lo que los demás quieren que sea, no limitar su estilo de vida a los confines de las obligaciones sociales, y no comprometerse personalmente con lo que los otros esperan, uno es capaz de crear su propia imagen. Dado que deriva de la Casa duodécima, esa imagen nunca será una fachada para los demás, sino más bien el reflejo de la propia alma. En un momento de su carrera, Dylan estuvo un período de doce años sin aparecer en público. Es a través de esos lapsos de tiempo que la parte de la fortuna en la Casa duodécima provoca un crecimiento interior del individuo que procede de la verdadera fuente de su ser. Al término de esos doce años, Dylan escribió un libro sobre el misticismo judío que era, indudablemente, un reflejo de todos los descubrimientos que su parte de la fortuna en la Casa duodécima, junto con Urano, le aportó: religión, raíces y espiritualidad.

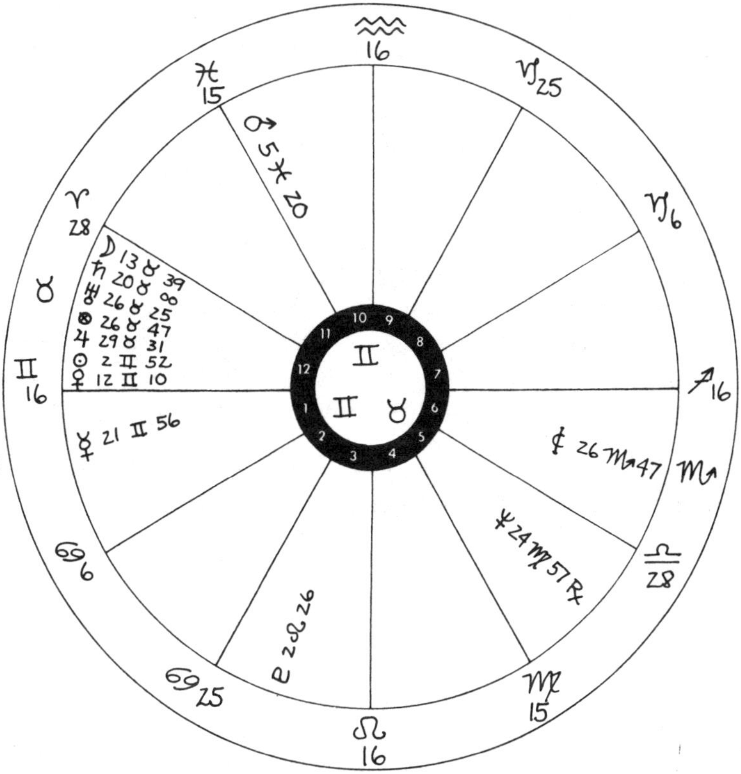

Bob Dylan
24 de mayo, 1941
Duluth, Minnesota

De vez en cuando, encontramos en la música de Dylan expresiones toscas, tan típicas del carácter terráqueo de Tauro. Este lenguaje y este estilo son precisamente los que hacen bajar al hombre moderno a la tierra, obligándole a verse a sí mismo tal y como es. Una de las mejores cualidades de Tauro es la ausencia de pretensiones, cosa que tan claramente reflejan los escritos de Dylan. Éste es un ejemplo perfecto de cómo el poderoso *stellium* en Tauro, junto con la parte de la fortuna en este signo, anula la influencia dual de Géminis que normalmente se encuentra muy bien en medio de pretensión y superficialidad.

Mediante la parte de la conciencia impersonal en su Casa sexta en Escorpio, Dylan arranca las capas de superficialidad, y a través de su trabajo va directamente al núcleo de la vida. Excava en los problemas que plagan la humanidad, y con un acercamiento plutoniano, los saca a la superficie donde puedan ser tratados como parte del proceso regenerativo.

De la forma en que interpreta sus trabajos, efectúa sus apariciones en público y se presenta ante el mundo, hace mucho por sacudir la rigidez de una sociedad estancada. Gracias a la energía de Escorpio, canta libre o sexualmente, casi obligando de forma insistente a la humanidad a hacer frente a sus instintos primarios. Ha sido un cruzado, al igual que Sigmund Freud y Juana de Arco, ambos con la posición de Saturno casi en las mismas conjunciones con su propio Saturno natal. Pero en su escorpiniana cruzada por el cambio y la transformación, debe procurar no identificarse con las energías plutonianas que utiliza para la humanidad. Estas energías son muy diferentes de las energías que él mismo necesita para su propia felicidad.

Su parte de la fortuna en Tauro en la Casa duodécima indica que su propio «cuerno de oro» deriva de su lucha por conseguir un conocimiento interior, tranquilidad y armonía. La energía de Escorpio quiere hacerlo todo a la vez, pero para que Dylan sea realmente feliz debe vincularse a la paciencia de Tauro para saber cuánto tiempo tardará en realidad el mundo en comprender lo que él siempre ha sabido. Algunas personas le odian al ver un estilo de vida del que les gustaría disfrutar, pero están demasiado arraigados a costumbres tradicionales y rígidas como para emularlo. Algunos se relacionan discretamente con los especialísimos y secretos sentimientos de verdad que crea en ellos. La mayoría de la gente nunca comprenderá su genio místico.

Dylan es libre para experimentar la corriente interior de su alma, sin tener en cuenta lo que el mundo piense de él o lo que pueda sentir impersonalmente que es su obligación para con una sociedad por la que, obviamente siente una profunda compasión. Es su experiencia interior que es la fuente de su satisfacción y felicidad finales.

Julio Verne

En el horóscopo de Julio Verne, autor de *Veinte mil leguas de viaje submarino*, encontramos la parte de la fortuna en Piscis en la Casa décima, y la parte de la conciencia impersonal se sitúa en Virgo en la Casa cuarta. Dado que Piscis rige todo lo relacionado con el mar, y su parte de la fortuna cae en su Casa de la carrera, es natural que el libro con el que deseaba destacar versara sobre este tema. Piscis también rige la imaginación creativa, y con la parte de la fortuna en el segundo decanato del signo, o la parte Cáncer de Piscis, Julio Verne imaginó mucho más que un submarino del futuro. Era literalmente una casa bajo el agua. Imaginó cómo podrían nadar los hombres en las profundidades del océano gracias a aparatos de respiración artificial. Imaginó la total autonomía de un barco submarino en el que el hombre podría vivir toda su vida sin que le faltase nada. Curiosamente, casi todo lo que imaginó es hoy una realidad. Sin embargo, en la década de 1880, el libro de Verne sólo fue considerado como una deliciosa fantasía escapista, tan típica del sueño pisciano. Aquí tenemos un ejemplo excelente de cómo, efectivamente, los soñadores dan forma al mundo en que viven.

La Casa cuarta no sólo rige el hogar, sino también la patria, la cultura y las circunstancias históricas que rodean el tiempo en que uno vive. Con la parte de la conciencia impersonal en Virgo situada en la Casa cuarta, Julio Verne tendría que haber sido capaz de trascender las fronteras del pensamiento de su tiempo para alcanzar su felicidad personal expresando su imaginación creativa. La parte de la conciencia impersonal en Virgo aparece en el decanato de Capricornio del signo, indicando lo duras que eran las normas, reglamentos, limitaciones y restricciones que rodearon su vida. Mediante su Sol en Acuario se habría proyectado hacia el futuro, pero habría sido la parte de la fortuna en Piscis la que no sólo sedujera sino que también mostrara a su imaginación cómo hacerlo.

Aparte de su carrera, la Casa décima también representa el propósito, la dirección y el significado de lo que uno busca en la vida. Con el Sol y Mercurio en Acuario, y la parte de la fortuna en Piscis, el genio literario de Julio Verne muestra un enorme sentido de previsión y visión que va más allá de lo considerado práctico, que toca con los pies en el suelo, o incluso en el reino de la razón de su tiempo. Imaginó cómo el hombre podía ser totalmente independiente, no evitando las fuerzas de la naturaleza, sino aprendiendo a usarlos en beneficio propio. Su orientación y propósito habrían parecido quiméricos a los demás. Los grandes poderes intuitivos innatos de la parte de la fortuna en Piscis le habrían aportado la felicidad más allá de la comprensión de sus semejantes.

En un modo más personal, la Casa décima espera la maduración de la intención del hombre. Incluso aquí, la parte

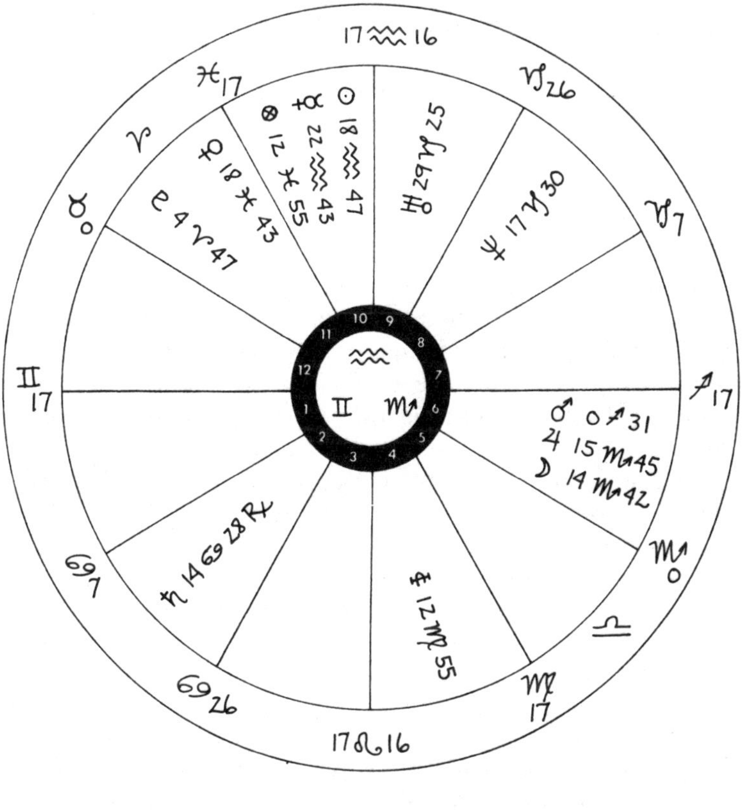

Julio Verne
8 de febrero, 1828
Nantes, Francia

de la fortuna en Piscis va más allá del propio egoísmo. Con su regente, Neptuno, en la Casa octava del patrimonio, Verne consideró la herencia del hombre, y descubrió que la constituían los magníficos recursos de la naturaleza. Mediante la gran compasión engendrada por Capricornio y Neptuno en la Casa octava y la parte de la fortuna en Piscis, tuvo que legar ese patrimonio como un regalo personal para las generaciones que nunca conocería.

William Shakespeare

En el horóscopo de William Shakespeare, encontramos la parte de la fortuna en Sagitario en la Casa sexta, y la parte de la conciencia impersonal en Géminis en la Casa duodécima. La parte de la fortuna regida por Júpiter muestra la gran sabiduría que buscó y expresó en sus obras. Aquí, en su Casa sexta del trabajo, el servicio y las obligaciones que uno siente para con la humanidad, la parte de la fortuna en conjunción con Urano retrógrado explica las irónicas peculiaridades de la justicia sobre las que Shakespeare era tan propenso a escribir. El planeta Júpiter, que rige la parte de la fortuna, se encuentra en Leo. La combinación Leo-Sagitario hace obvio por qué la mayoría de sus personajes eran más grandes que la vida. Escribió sobre reyes y castillos, esplendor y tiranía, y sus escritos fueron prolíficos. Sus obras tenían una totalidad para ellos que sólo la abundancia de la parte de la fortuna en Sagitario podría entender. Cuanto más escribía, más comprendía la vida. En los cientos de años de historia de la humanidad, está considerado como uno de los poquísimos individuos que alcanzaron un nivel de conciencia sumamente evolucionado.

Amaba la naturaleza. A través de la descripción de sus escenas de exteriores uno casi puede sentirse como si en

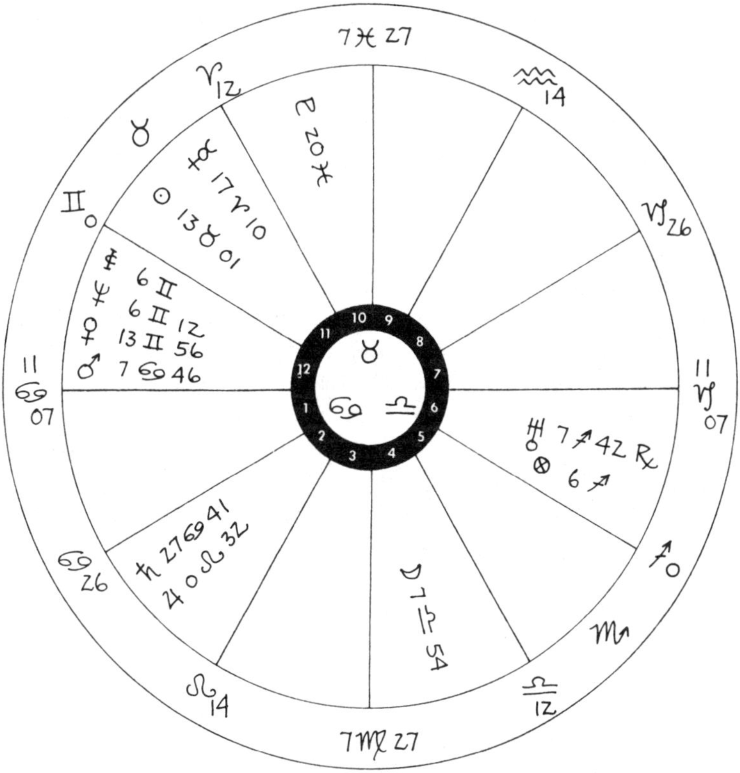

William Shakespeare
23 de abril, 1564
Stratford-on-Avon, Inglaterra

realidad estuviera allí. Pasaba muchas horas en comunión con la naturaleza, a partir de cuyos ritmos y ciclos llegó a comprender las leyes universales que gobiernan a la humanidad. Ésta es, no obstante, una expresión superior de la parte de la fortuna en Sagitario, que siempre acerca a la persona a la naturaleza y a sus métodos.

A través de su parte de la conciencia impersonal en Géminis en la Casa duodécima estudió las relaciones y el modo en que las personas se engañan constantemente unas a otras. Por eso, gracias a la conjunción con Neptuno, se daba cuenta de las sutiles fuerzas inconscientes que actúan en la mente de los hombres. A la larga, llegó a saber que toda la vida no era más que una gran representación, y eso le entristecía enormemente. A través de la naturaleza dual de Géminis, vio la tragicomedia de la vida. Su felicidad personal vendría de no identificarse con las dos caras de la moneda, vistas mediante la parte de la conciencia impersonal en Géminis, sino más bien llegando a alcanzar la comprensión superior jupiteriana de toda la escena.

A través de la parte de la fortuna en su Casa sexta, fue sumamente consciente de los deberes del hombre. Su mayor deseo fue el de adquirir la sabiduría que podría ayudarle a enfrentarse con las dualidades que veía como parte del encuentro de las obligaciones de uno con los demás, así como enfrentarse a las fuerzas aparentemente duales que no pueden comprenderse con la mente concreta.

Su propio cuerno de oro no proviene de la creación de sus personajes, sino de ser el supervisor de todos ellos. Expresó efusivamente la multitud de personalidades que sentía en su interior y les dio un papel en sus obras. Así, cuanto más trabajaba, más capaz era de verse a sí mismo y de expandir su conciencia. Cuanto más expandía su conciencia, más capaz era de acercarse a la luz de una verdad superior.

Salvador Dalí

En el horóscopo de Salvador Dalí, la parte de la fortuna se halla en Géminis en la Casa undécima, con la parte de la conciencia impersonal en la Casa quinta. Conocido por su afabilidad y excentricidad, la mayor felicidad de Dalí deriva de su capacidad para vivir fuera de los confines del conformismo. Generalmente suceden muchas cosas en cualquiera de sus cuadros, lo que es típico del eje Géminis/ Sagitario.

La Casa quinta, que rige su creatividad así como su perspectiva romántica de la vida, es donde debe enfrentarse con su parte de la conciencia impersonal. Es interesante destacar que Sagitario ostenta la regencia de la época de las caballerías, caballeros de brillante armadura, reyes y castillos. Lo que podría considerarse como una de las excentricidades de Dalí es que durante muchos años su mujer vivió en un castillo y le escribió cartas cuando deseaba verla. De este modo, el carácter amoroso en su vida asume la distancia característica de Sagitario, así como la impersonalidad de dos individuos que viven lejos el uno del otro.

Si hay algo a lo que Dalí hubiera estado ligado personalmente, eso podría ser su capacidad para conservar su carácter heterodoxo. Esto es propio de la parte de la fortuna en la Casa undécima regida por Urano, que le mantiene a la búsqueda de nuevas formas de expresar la felicidad creativa que experimenta en la aventura única que es la vida.

Es amistoso, afable y extremadamente generoso. La parte de la fortuna en Géminis le proporciona la felicidad de experimentar las relaciones entre la gente, las cosas y la multitud de ideas de la Casa undécima regida por Acuario que fluyen a través de sus fascinantes cuadros. El significado más grande que extrae de la vida deriva de la comprensión de todos los pequeños signos que crean un interés en el presente. Un estilo de vida construido a base de trompicones, más que como un hilo continuo, acaba convirtiéndose en todos los momentos al mismo tiempo. Eso rezuma todo su arte. Sin embargo, no sería el propio arte lo que proporcionaría a Dalí toda su felicidad. Su personalísimo cuerno de oro derivaría de la observación y experiencia de toda la complejidad de la vida de Géminis, lo que acabaría expresándose en sus cuadros, más que en la propia satisfacción de pintar.

La parte de la conciencia impersonal en su Casa quinta, por la cual fluye su creatividad, se convierte en el medio que le concede la libertad de desayunar pan y vino en la Riviera francesa —un estilo de vida tan típico de la promesa de felicidad inherente en la parte de la fortuna en la Casa undécima.

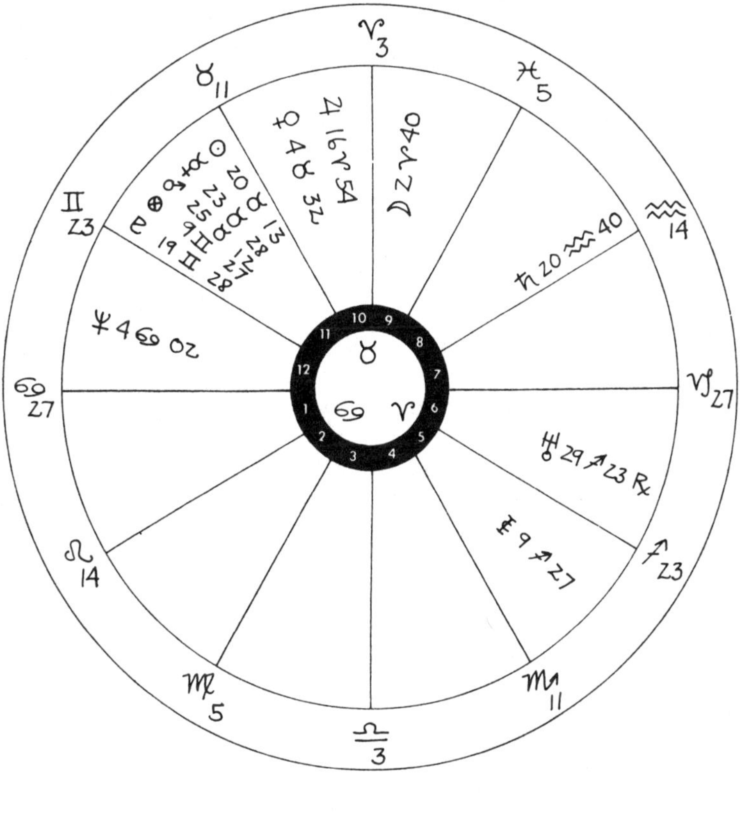

Salvador Dalí
11 de mayo, 1904
Figueres, España

CONCLUSIÓN

En muchos aspectos, la vida se muestra como una espada de doble filo. El hombre casi siempre juzga a los demás por sus actos y a sí mismo por sus ideales. La parte de la fortuna es el punto en que el individuo puede encontrar sus ideales y esforzarse para conocerlos cooperando con todo lo que constituye su única promesa en la vida. La parte de la conciencia impersonal es ese punto en el que el hombre debería ser imparcial en sus observaciones de los actos de los demás. Es la misma esencia de dichos actos lo que tiene tendencia a juzgar. En realidad se juzga a sí mismo en áreas en las que no puede conocer los ideales de los demás, sino ver únicamente reflejos de partes de la humanidad. Si se toma negativamente, le robarán su sentido de la felicidad.

Por esta razón es importante que cada pesona comprenda qué aspectos de la vida son impersonales, incluso quizá irrelevantes para el núcleo central de la orientación de uno mismo, y cuáles son la esencia íntima de ese mismo núcleo. La parte de la fortuna y la parte de la conciencia impersonal ayudan al hombre a comprender cómo hacerlo. Para centrarse en sí mismo, un hombre debe llegar a darse cuenta de que tiene que enfrentarse a su karma solo. Tras algunos esfuerzos siguiendo esas directrices, empieza a verificar algunos resultados positivos en la vibración cambiante que crea y guía su vida. El karma más negativo es el que resulta de emitir algún tipo de juicio sobre los demás. Incluso si guarda tales pensamientos para sí, todavía controlan el grado de vibración del individuo, su aura, su personalidad y los efectos básicos que experimenta cuando trata de crear sus propias experiencias. Tan pronto como el hombre aprenda a ser impersonal, con una comprensión compasiva de lo que generalmente le afecta de forma equivocada, se liberará de todas las fuerzas que se oponen a su sensación de satisfacción, felicidad y contento.

Desde luego, resulta más fácil decirlo que hacerlo. Es un proceso que lleva muchos años. Incluso cuando uno empieza a enorgullecerse de no ser crítico, debe enfrentarse entonces al hecho de que ha vuelto a atraparse a sí mismo juzgando interiormente lo magnífico que es no ser crítico en un mundo que lo es. Es una trampa muy sutil.

Vivir con los efectos del karma y superarlos no es un proceso fácil. Encontrar la felicidad es todavía más difícil. ¡Implica la eliminación de las relaciones personales en cualquier nivel de conciencia con lo que no es felicidad! Por este motivo, la mayor parte de la humanidad experimenta la felicidad de forma limitada y sólo de manera esporádica. En el transcurso de la vida, esos momentos podrían contarse con los dedos de una mano.

Sin embargo, existen aquellos individuos que se esfuerzan en ser sinceros consigo mismos. A partir de esa sinceridad, la vibración de todo su horóscopo empieza a considerar más las características positivas de la vida que las negativas. No se juzgan a sí mismos ni a los demás. Tampoco planifican su vida ni evitan planificarla. En cambio, funcionan con cualquier corriente que Dios les haya dado, y gracias a un profundo sentido de gratitud aprenden a ver la felicidad en todas las cosas. Mientras la perspectiva de cada individuo sea ligeramente diferente debido a la posición de la parte de la fortuna en una Casa y signo determinados, está claro que un diamante es hermoso independientemente de la faceta que uno mire. Tanto si su filosofía de la vida es oriental como occidental, tanto si uno observa las flores como escucha música, existe armonía en todas las cosas si uno lo desea y tiene en cuenta la alegría de vivir, aunque sea impersonal con todo lo demás.

¡Imagine cómo sería el mundo si cada uno, desde su propia y única perspectiva, pudiera hacer eso todo el tiempo!

ALEGORÍA

¿Qué es la fortuna?

Durante cientos de años, el hombre se ha formulado la pregunta: «¿Qué es la fortuna?», y ha sugerido cientos de respuestas. Sorprendentemente, aun con todas ellas, pocas personas pueden decir que en realidad se sienten afortunadas. Existe una antigua historia china que habla sobre la naturaleza de la fortuna de un modo sumamente interesante.

Hace varios miles de años, China tenía un dictador extremadamente cruel y egoísta. Era un individuo que ordenó la construcción de una muralla de unos nueve mil seiscientos kilómetros alrededor del país. Para entender el sabor de los tiempos, uno debe saber que mucha gente murió en la construcción de esa muralla, y sus cuerpos fueron enterrados en ella. En aquel tiempo, también había un chino muy viejo que sólo tenía dos cosas en el mundo a las que amaba: su único hijo y su único caballo. Pero quiso la suerte que un día el caballo se escapara. Al conocer la noticia, todos los ancianos de la ciudad fueron a consolarle, diciendo: «¡Qué mala suerte que tu caballo se haya escapado!». El anciano les miró y replicó: «¿Cómo sabéis que es mala suerte?».

Unos días más tarde, el caballo regresó, seguido por otros seis caballos. De este modo aumentó la riqueza de aquel hombre. Al verlo, los ancianos de la ciudad volvieron a verle y le dijeron: «¡Qué suerte que ahora tengas siete caballos!». El anciano reflexionó por un momento. Luego les miró como había hecho antes y repuso: «¿Cómo sabéis que es suerte?».

Aquella tarde, el único hijo del anciano decidió tratar de montar uno de los caballos salvajes. Cayó y a consecuencia de ello quedó inválido. Entonces, los ancianos volvieron a reunirse a su alrededor y le dijeron: «¡Qué mala suerte que tu hijo se haya caído del caballo y no pueda andar!». El anciano les contestó del mismo modo diciendo: «¿Cómo sabéis que es mala suerte?». Los ancianos se quedaron muy perplejos y se fueron.

Al día siguiente, los hombres del emperador llegaron a esa misma ciudad. Tenían órdenes de alistar a todos los jóvenes que gozasen de buena salud para la tarea de construir a mano la horrible muralla de nueve mil seiscientos kilómetros. Fueron reclutados todos los jóvenes de la ciudad, excepto el hijo del anciano. Cuando eso ocurrió, los ancianos de la ciudad estaban seguros de que por fin comprenderían la sabiduría del viejo. Se acercaron de nuevo a él y le dijeron: «¡Qué suerte tienes de que tu hijo no haya sido reclutado para construir la muralla!». De nuevo, el anciano les miró y dijo: «¿Cómo sabéis que es suerte?».

En ese momento los ancianos estaban completamente desconcertados. Salieron de ahí y se reunieron en consejo. Entonces volvieron con el anciano y dijeron: «Lo hemos hablado entre nosotros y estamos de acuerdo en que tú eres el hombre más sabio de toda China. Pensamos que sería una suerte que fueras nuestro alcalde». El anciano elevó sus manos al cielo de desesperación y dijo: «¿Cómo sabéis que sería una suerte? No quiero ese cargo». Y se fue.

Muy bien podría haber sido el hombre más afortunado de China —¡puesto que conocía el secreto de la fortuna!

Gracias al doctor Hae Sou por contar esta alegoría al autor.

APÉNDICE

Método tradicional para encontrar la parte de la fortuna

Si el Sol está en Acuario, 18.04; la Luna, en Capricornio, 26.04; y el ascendente, en Géminis, 20.29, entonces:

	Signos	Grados	Minutos
Ascendente	2	20	29
+ Luna	9	26	04
	11	46	33
− Sol	10	18	04
Parte de la fortuna	1	28	29

o Tauro, 28.29

Con este método, uno calcula el ascendente cuando completa dos signos, Aries y Tauro, y está a 20 grados y 29 minutos en el tercer signo, Géminis. La Luna ha completado nueve signos enteros y está a 26 grados y 4 minutos en el décimo signo, Capricornio. El Sol ha completado su movimiento a través de diez signos y está a 18 grados y 4 minutos en el undécimo signo, Acuario.

ÍNDICE

OBRAS DE MARTIN SCHULMAN

RELACIONES KÁRMICAS. INTERPRETACIÓN DE LOS ASPECTOS ASTROLÓGICOS

En esta obra Martin Schulman considera las relaciones mutuas entre planetas bajo una perspectiva kármica. Compara todas las combinaciones posibles el aspecto dominante, mostrando al lector cada una de las facetas de la personalidad representadas por un planeta, con respecto a los planetas del tema natal de su pareja.

NODOS LUNARES Y REENCARNACIÓN (ASTROLOGÍA KÁRMICA I)

En este primer volumen de Astrología kármica se describe con gran detalle cada una de las posiciones de los nodos lunares a través de cada signo y de cada casa. Además se presentan los aspectos de los nodos, la interpretación de las cartas astrales tomadas como ejemplo y efemérides completas de los nodos desde el año 1850 al 2000.

PLANETAS RETRÓGRADOS Y REENCARNACIÓN (ASTROLOGÍA KÁRMICA II)

Martin Schulman presenta una de las interpretaciones más radicales hasta el momento enunciadas por los planetas retrógrados. Cada planeta se discute según su posición en cada signo y cada casa. Además examina el simbolismo esotérico y kármico iniciado en el volumen I: *Nodos lunares y reencarnación*.

LA PARTE DE FORTUNA EN EL HORÓSCOPO (ASTROLOGÍA KÁRMICA III)

Investigando en los principios de la antigua astrología, Martin Schulman presenta una discusión completa e innovadora de uno de los elementos más usados pero tal vez más incomprendidos de la carta natal: la parte de la fortuna.

De todos los puntos arábigos, tal vez éste es el único utilizado por todos los astrólogos, pero aún no se han explicado los principios por los cuales se gobierna su afortunado efecto. Esta obra analiza la parte de la fortuna en los doce signos y casas con ejemplos e interpretaciones de natividades notables. A la vez se contemplan las leyes del karma para este misterioso y vital punto del horóscopo.

EL KARMA DEL PRESENTE (ASTROLOGÍA KÁRMICA IV)

El último volumen de la serie Astrología kármica contempla la unión de la astrología con la realidad mediante un análisis fiel y profundo. Basado sobre el principio de que el pasado y el presente existen sólo como una imagen, mientras que el presente existe a pesar de la imaginación. Estudiando los planetas a través de los signos, Martin Schulman nos muestra cómo usar las energías planetarias y eludir los complejos del pasado, así como los posibles aspectos negativos del futuro.